아픈 줄도
모르고 살아가는

요즘 어른을 위한
마음공부

아픈 줄도
모르고 살아가는

요즘 어른을 위한
마음공부

내 안의 스트레스,
번아웃,
우울증에 대하여

김병수 지음

더 퀘스트

프롤로그

낮선 이의 마음을 듣는 일은 긴 시간 공을 들여도 쉬이 익숙해지지 않습니다. 공부와 운동은 하면 할수록 능숙해지죠. 자신감도 점점 커집니다. 웬만한 과업은 힘들이지 않고도 척척 해낼 수 있게 됩니다. 하지만 정신건강을 돌보는 일은 다릅니다.

마음은 우주입니다. 그것도 사람마다 다 다른 은하계를 품은 우주죠. 이십 년 넘게 진료하고 있지만 날마다 매번 새로운 우주를 만납니다. 시간이 오래 흘러도 처음 이 일을 시작할 때나 마찬가지처럼 느껴지는 이유입니다.

한참 동안 환자의 이야기를 들었는데도 블랙홀을 들여다본 것처럼 눈에 잡히는 게 아무것도 없다고 느낄 때가 많습니다.

정신과 의사로서 부족한 내 능력 탓이겠지만, 그래도 꼭 짚고 넘어가고 싶은 다른 이유가 하나 있습니다. 그건 바로 자기 마음인데도 그걸 제대로 표현할 줄 모르는 이들이 너무 많다는 것입니다.

"어떤 느낌이 드세요?"라고 물으면 마치 외계어라도 들은 듯한 표정을 짓고 "1년, 5년 그리고 10년 뒤에 자신이 어떻게 살고 싶은지 이야기해주세요"라고 하면 우물쭈물 답을 못합니다. 우리를 끊임없이 갈망하게 만드는 욕망의 시대를 살고 있는데도, 정작 자기가 진정으로 바라는 바를 제대로 드러낼 줄은 모르는 것이죠.

세상이 시키는 대로 살면 자신의 고유한 색깔을 잃어버립니다. 열심히 살아도 기쁨을 느끼지 못합니다. 노력해도 감동이 없으니 허무함만 남습니다. 타인의 욕망을 제 것인 양 쫓아가면 번아웃과 우울증이 벌칙처럼 따라붙습니다. 솜사탕인줄 알고 움켜쥐었는데 화들짝 놀라서 손바닥을 펼쳐보니 가시였던 것입니다.

신이 우리에게 내어주신 단 하나의 인생 숙제가 있다면 그건 바로 '이 세상 그 누구와도 다른, 특별한 존재가 되는 것'일 겁니다. 세속적인 성공만 좇는다면 이런 소명은 이룰 수가 없습니다. 거짓 자아를 진짜라 믿고 살면 진정한 자기로부터는 멀어집니다. 무기력은 자기 소외와 언제나 붙어 다닙니다.

스트레스도 마찬가지입니다. 직장인이 스트레스를 받는 건 일 때문이 아닙니다. 자신이 하는 일과 자신이 진정으로 원하는 것이 서로 어떻게 연결되어 있는지 도통 감을 잡을 수 없을 때, 우리는 그것을 스트레스라고 인식합니다. 목적지가 어딘지도 모르겠는데 무작정 뛰라고 하니 괴로운 것입니다.

스트레스와 함께 살아가는 건 연날리기와 비슷합니다. 바람이 너무 세다 싶으면 줄을 풀어주고 바람이 잦아들면 팽팽히 당겨줘야 합니다. 연줄의 장력을 얼마로 유지해야 하는지는 정답이 없습니다. 대기는 매 순간 다르게 흐릅니다. 그러니 한 번 정해둔다고 그걸로 끝나는 게 아니죠. 연과 바람의 최적 관계는 순간마다 달라집니다.

이 책에도 정답은 없습니다. 읽다 보면 '어, 이건 내 생각과 다른데…'라는 지점이 나올 겁니다. 자신의 믿음과는 다르고 뭔가 거슬리는 느낌을 받았다면 그건 아주 좋은 신호입니다. 하늘 높이 연을 띄워주는 바람이 불어온 것이니까요. 이 책과 그렇게 마찰하며 독자분들의 마음에 생경한 느낌과 깨달음이 피어오르고, 그것이 삶이라는 연을 제각각 멋지게 펼쳐올리는 힘으로 이어졌으면 하고 바랍니다.

차례

단단한 마음건강을 위한
다섯 가지 질문

두 번째 마음공부 :

번아웃,
우선순위가 없는 삶은 나를 배신한다

세 번째 마음공부 :

우울증,
떠도는 정보의 독배를 피할 것

단단한
마음건강을 위한
다섯 가지 질문

아픈 줄도
모르고 살아가는

요즘 어른을 위한
마음공부

내가 원하는 것은 무엇인가

       사람들은 자신의 감정을 어떻게 알아차릴까요? 정서는 거창한 기술을 학습해야 느낄 수 있는 게 아니니 "내 기분, 내 마음이니까 그냥 아는 거지"라고 말할 수도 있지만 막상 "지금 어떤 느낌이 드나요?"라고 물으면 우물쭈물하며 대답 못 하는 사람이 많습니다. 우울감에 젖어 있다는 걸 스스로 아는 사람이라도 그것의 강도가 누구나 경험하는 보통 수준인지, 아니면 "나 우울해서 미칠 것 같아요!"라고 토로할 만한 정도인지 온당하게 평가내리지 못하는 경우가 흔합니다. 혼자서 마음을 들여다보는 것만으로는 자기 기분을 정확히 파악하지 못하는 것이죠.

봄이 되면 자살률이 높아집니다. 여러 이론으로 이 현상을 설명하는데, 그중 하나는 이즈음 사람들이 사회적 비교를 통해 자신의 정서 상태를 인식하기 때문이라는 논리입니다. 겨우내 우울했던 사람이 봄이 되었는데도 기분이 좋아지지 않자 '날씨가 화창해졌는데 여전히 나는 활기가 안 생겨'라며 환하게 밝아진 세상과 어두운 자기 내면의 차이를 인식하면서 절망에 빠진 거죠. 비교를 많이 할수록 우울할 때 느끼는 고통은 더 커집니다.

행복한 사람과 불행한 사람은 사회적 비교를 활용하는 방식이 근본적으로 다릅니다. 불행한 이들은 사회적 비교를 많이 합니다. 자신이 타인에 비해 우월한지 아닌지를 알려주는 정보에 민감하게 반응합니다. 불행하다고 느끼는 사람은 자신의 실제 상황보다 남들과 비교했을 때 자신의 위치를 판단하고 그것에 크게 영향받습니다. 예를 들어 학생이 성적표를 받았을 때 기분이 얼마나 상하는지도 비교 대상에 따라 달라지는 것처럼요. 간신히 C 학점을 받았더라도 F 받은 학생들이 많다는 이야기를 들으면 기분은 조금만 나쁘고, 내가 A학점을 받아도 성적이 A+인 학생을 보면 기분은 안 좋아지는 식입니다.

국민들이 다 같이 잘살게 되어도 국가의 행복도가 변하지 않는 것도 같은 이치 때문입니다. 사회 구성원이 타인과의 비교로 자기 삶의 만족도를 평가하는 경향이 강하다면 나라가 발전해도 전체 만족도는 언제나 일정하게 고정됩니다.

행복한 사람은 다릅니다. 그들은 사회적 비교 정보를 무시하죠. 사람마다 살아가는 방식은 천차만별이고 각자 나름대로 목표를 향해 살아가는 게 인생이라고 여깁니다. 누구의 삶이 옳다, 그르다 평가하지 않고 기쁨의 원천을 잘 알며 그것이 충족되면 충분하다고 느낍니다. 이런 가치관이 행복감을 결정합니다.

부러워하지 않아야 행복해진다는 걸 누구나 알고 있습니다. 그런데도 끊임없이 비교하고 자기 위치를 확인하고 싶은 욕망에서 못 벗어납니다. 그것은 인간이 "내가 제대로 사는 건가? 나는 괜찮은 걸까?" 하는 물음에 대해 스스로 답을 구하지 못하는, 결함 있는 존재이기 때문입니다. 누구나 약점이 있다는 걸 알면 안도하고 남들보다 앞서가면 제대로 살고 있다고 쉽게 믿어버립니다.

그렇다고 불행의 이유를 애꿎게 사람의 본성에서만 찾아선 안 되겠죠. 노력하면 무엇이든 얻을 수 있다고 가르쳐놓고 실제로는 애써도 이룰 수 없고, 너와 내가 다르지 않다고 해놓고 차별하는 세상에 살고 있다면 '나만 왜 일이 안 풀리는 거야? 왜 이렇게 나만 힘든 거야?' 하며 주위 사람들을 자꾸 곁눈질할 수밖에 없을 겁니다.

중년의 내담자가 이런 하소연을 한 적이 있습니다.

"나는 내가 좋아하는 것들을 잊어버렸어요. 이젠 내가 뭘 좋아하는지도 기억나지 않습니다." 결혼 이후 자기 욕망을 잃어버린 걸 안타까워했습니다.

어린 시절부터 내가 아니라 남을 기쁘게 해주는 것을 즐거움으로 삼아왔다고 고민하는 사람도 있었습니다. "내 인생에서 행복을 찾는다는 느낌이 아니라 남의 인생에서 즐거움을 얻고 있다는 생각이 들어요. 어릴 때는 부모님이 좋다는 걸 좋다고 생각했고 부모님이 옳다고 말하는 걸 그대로 따랐고요. 지금은 배우자와 아이들이 원하는 걸 하면서 그들이 좋아하면 저도 좋아합니다. 다른 사람들의 SNS를 보면서 그들이 좋아하는 걸 즐기고요. 그러다 문득 이런 생각이 들었습니다. 처음부터 내가 좋아했던 건 뭐지? 이게 정말 내가 좋아하는 건가? 지금이라도 제가 정말로 좋아하는 걸 찾을 수 있을까요?"

내가 욕망하는 것이 진정으로 내가 욕망하는 것이 맞는가. 정신과 의사로 30년 가까이 일하며 삶의 여러 문제들을 고민하게 되는데 그 가운데 하나가 '사람들은 자신이 진짜로 원하는 것을 잘 알고 있을까?' 하는 겁니다. 나에게 가장 좋은 것, 내가 원하는 것은 내가 제일 잘 알고 있을 것 같지만 막상 결정적인 선택의 순간이 오면 혼란스러워합니다. 내가 진짜로 원하는 게 무엇인지 헷갈립니다.

'다른 사람이 좋아하는 게 아니라 내가 진정으로 좋아하는 게 뭐지?' 하고 끊임없이 묻고 답하는 과정을 겪지 않은 사람이 많습니다. 다른 누군가가 아니라 내 본성이 원하는 것이 무엇인지 호기심을 갖지 않고 관심도 안 기울인 거죠. 다른 사람의 의견을 묻기 전에 내가 원하는 게 무언지 생각하는 게 중요합니다. 이때 가장 필요한 것이 자기 확신Self affirmation입니다. '나는 꽤 좋은 사람이야. 나는 나름대로 잘 살고 있어'라는 믿음을 잃지 않는 것이죠. 이런 믿음이 있어야 스트레스를 견딜 수 있습니다.

내 인생에서 중요하게 생각하는 것들을 모두 떠올려보는 게 도움이 됩니다. 가족, 건강, 종교, 사회에 대한 기여 등 여러 가지가 있겠지요. 그 가운데 중요하게 생각하는 순서대로 우선순위를 매겨봅니다. 그다음엔 그것들이 왜 중요한지, 내 인생에서 어떤 의미가 있는지 생각해봅니다.

나의 가치를 증명할 수 있는 다양한 요소를 떠올려보는 것도 좋습니다. 회사에서 승진 시험을 잘 못 봤더라도 '나에게는 소중한 가족이 있지'라고 자기 삶의 의미를 다양한 영역에서 떠올려보는 것이지요. '내가 승진은 좀 늦지만 주말에 봉사하면서 사회에 기여하고 있어'라며 스스로를 자랑스럽게 느낄 수 있는 점을 생각해보는 겁니다. 그러다 보면 힘든 일이 생겨도 자기를 지켜나갈 수 있습니다. 거창하게 인생의 가치나 의미를 떠올리지 않더라도 좋아하는 음식이나 책, 영화, 노래, 도시, 취미 같은 걸 생각하고 글로 적어보는 방법도 추천합니다. '자기 확신 주문'도 좋은 방법입니다. 운동선수들이 나는 잘할 수 있다고 마인드 컨트롤을 하고 예술가가 무대에 오르기 전 좋은 결과를 미리 떠올리면서 자신감을 얻는 것처럼 나는 괜찮은 사람이라고 스스로를 독려하는 것이지요. 매일 아침 8시, 출근 준비 10분 전, 이런 식으로 시간을 정해두고 나를 독려하는 주문을 외우면 좋습니다.

거창하지 않은 이 방법들이 어색하다고 느낀다면 그동안 스스로를 인정하고 칭찬하고 보듬어주는 데 인색했다는 뜻입니다. 상사가 인정해줄 때만 기분이 좋아지고 상사가 야단을 치면 한없이 우울해졌다면 나의 가치를 상사에게 맡기고 타인의 인정에 이끌려 살았다는 뜻입니다.

자기 확신이 있으면 그렇게 살지 않게 됩니다. 나의 가치에 대한 확신은 나 말고 누구도 대신해줄 수 없습니다.

내 감정은 살아 있는가, 죽어 있는가

언젠가 진료실을 찾았던 50대 남성이 기억납니다. 명품 브랜드가 화려하게 보이는 허리띠를 하고 무뚝뚝한 표정으로 앉아 있었습니다. 자신이 유명한 누구와도 아는 사이라며 묻지도 않은 이야기를 하더니 갑자기 아들 이야기를 하던 도중 큰 소리로 화를 냈습니다.

"도대체가 요즘 애들은 말을 안 들어먹어요. 내가 묻는 말에만 답하면 되는데 자꾸 자기 진심을 들어 달라잖아요."

조금 더 이야기를 들어보니 문제의 원인이 보였습니다. 그는 부모와 사이가 좋지 않아 외로운 유년시절을 보냈습니다. 권위적인 아버지 밑에서 자라 감정을 느끼고 표현하는 법을 배우지 못한 거지요. 그는 자신의 아버지가 그랬던 것처럼 다른 사람의 감정을 받아주지 못하고 상대방의 감정을 억압했습니다. 아들과의 관계가 나빠진 것을 물론 주변 사람들 모두가 그를 어려워했습니다.

사람들은 그의 앞에서 자신의 감정을 숨기고 속마음을 솔직하게 이야기하지 않았습니다. 사람들이 솔직한 의사 표현을 하지 않으니 그는 다른 사람의 감정을 이해할 수 있는 기회조차 없어졌습니다. 그러다 보니 자기 마음대로 타인의 감정을 해석하는 습관이 생긴 것입니다.

안타깝지만 그의 상처는 스스로 만든 것이었습니다. 감정을 제대로 읽지 못하면 다른 사람의 감정을 자기 멋대로 해석하게 되고 적절하지 않은 방식으로 표현하게 됩니다. 자기감정조차 있는 그대로 느끼지 못합니다.

음악과 미술이 넘쳐나는 세상입니다. 눈물을 자극하는 드라마와 심장을 두드리는 소설, 번개처럼 내리꽂히는 시도 넘쳐납니다. 그런데 어찌된 일인지 우리의 감정은 메말라만 갑니다. 감동이 세상에서 자취를 감춰버린 것 같습니다. 인터넷 댓글로는 자기 의견을 거침없이 표현하면서도 자신의 감정과 느낌을 말해달라는 요청에는 주저하며 "나도 잘 모르겠어요"라고 말합니다. 자기감정인데도 제대로 모르는 거지요.

감정의 온도는 어떻게 알 수 있을까요? 그 사람이 어떤 하루를 보내는지 관찰해보면 됩니다. 뜨거운 사람은 가만히 있지 않습니다. 사랑을 향해 달려가고 세상 속으로 파고듭니다. 차가운 사람은 자기 곁에서 사람들을 밀어냅니다. 뜨거웠다, 차가웠다 자신도 종잡을 수 없이 오락가락 한다면 불안한 겁니다. 온 몸에서 온기를 느끼고 지금 이 순간이 영원하길 바란다면 행복한 거고요. 삶에서 아무런 온도가 느껴지지 않는다면 우울한 겁니다.

감정이란 우리 마음의 온도계라고도 할 수 있겠습니다. 매 순간 내 감정의 온기를 자각하려는 주의를 기울여보세요. 감정은 우리에게 많은 정보를 알려줍니다. 감정에 귀 기울이면 나의 감정은 풍성해집니다.

그렇다고 감정을 완전 정복하겠다, 이렇게 생각하지는 마세요. 감정과 친구가 되는 것이 목표이지 감정을 지배하는 것이 목적이 아니거든요. 친구처럼 서로를 보살펴주면서 감정이 내 길에 좋은 조언도 해주고 나도 감정을 같이 키워나가야 합니다.

감정은 나에게 무엇을 알려주는가

　　불안이 자신을 괴롭힌다며 상담 온 사람을 치료한다면 그는 나중에 어떻게 달라져 있을까요? 당연히 불안은 사라졌을 거라 기대할 겁니다. 그런데 과연 실제로 그렇게 될까요? 사는 동안 우리를 벌벌 떨게 만드는 사태는 언제든 일어나며, 특정한 사건이 없어도 불안은 늘 마음에 한자리를 차지하고 있는데 말입니다. 이렇듯 불안을 없애는 건 가능하지 않고 치료의 궁극적 목표가 될 수도 없습니다. 그런데도 환자들은 종종 "이런 느낌을 갖고 살아야 하는 게 끔찍해요"라며 불안이 영영 떠나가버리기를 바랍니다.

　이런 바람을 갖고 있다면 감정을 대하는 자신의 태도를 점검해보는 게 좋습니다. 불안감 그 자체도 괴롭지만 진짜 고통은 불안이라는 감정에 대해 우리가 가지는 느낌에 따라 생길수도 있고 그렇지 않을 수도 있습니다. 다시 말해, 감정에 대한감정이 정서적 고통의 진짜 원인이라 할 수 있습니다.

발표할 때 불안한 건 자연스러운 반응인데 이런 감정과 이감정을 느끼는 자신을 수치스러워 하면 거기에서 고통이 생깁니다. 이때 불안은 일차 감정이라고 하며 불안에 대해 수치심을 느끼는 것은 메타 감정meta-emotion이라고 합니다. 상담을 하다보면 메타 감정을 제대로 다루지 못해 정서 문제가 발생한사례를 자주 만납니다.

연인과 헤어지면 슬픈 게 정상입니다. 그런데 슬픔에 빠져자신이 사랑받지 못할 팔자라며 절망하면 더 큰 아픔을 겪습니다. 공황을 느낄 때 '이러다 내가 미쳐버릴지도 몰라.' 하고두려워하면 내가 나인 것 같지 않은 이인감depersonalization을 느끼고 심리적 혼돈에 빠집니다. 일처리가 미숙한 부하 직원에게 버럭 화를 낸 후 죄책감에 시달리기 때문에 치료를 받으러오는 사람이 있습니다. 분노 조절이 안 된다며 제 발로 정신과를 찾아온 이들 중에 사이코패스는 거의 없습니다. 타인을 분노로 통제하며 쾌감을 느끼는 사람에게 자아 성찰의 욕구가있을리 없지요.

정서 문제를 다루는 치료의 핵심은 두 가지입니다. 첫째, 감정 해상력을 키우는 것입니다. 열심히 공부했지만 시험에서 떨어졌다면 슬픈 게 당연합니다. 슬픔은 일차 감정이지요. '난 노력해도 안 되나 봐'라며 자책하고 '맞아, 내 인생은 언제나 불운으로 가득했어'라며 한탄하는 건 메타 감정입니다. 괴로워도 견뎌내야 하는 일차 감정에서 자신을 두 번 아프게 만드는 메타 감정을 분리해낼 수 있도록 돕는 것이 첫 번째 치료 목표인 거죠. 이렇게 구분해서 관찰할 수만 있어도 고통의 무게가 줄어듭니다.

　감정이 자신을 괴롭힐 때는 미래보다는 현재에 집중해야 합니다. 중요한 시험을 목전에 두고 불안을 느낄 때 '앞으로 대체 어떤 일이 닥칠까?'라는 생각에 파고들면 메타 감정이 소용돌이처럼 일어납니다. '지금 중요한 것은 무엇일까? 그것을 위해 당장 무엇을 해야 할까?'로 생각을 돌려놔야 합니다.

　살면서 누구나 겪는 고난이 불러일으킨 감정은 잘못된 게 아니고 그걸 느끼는 자신이 비정상인 것도 아닙니다. 없앨 수도 없거니와 없애려 해도 줄어들지 않습니다. 일차 감정으로 인한 괴로움은 시간이 흐르면서 자연히 옅어집니다. 싫든 좋든 당연히 경험하게 되는 감정이라면 그것을 끌어안고 살아갈 수 있도록 돕는 것이 치료의 두 번째 목표입니다.

나는 얼마나 나답게 살고 있는가

그러면 안 된다는 걸 알면서도 답답한 마음에 어머니는 대학생인 아들을 다그쳤습니다. 어머니는 아들에게 무언가를 강요하고 싶은 마음은 없다고 했습니다. 그저 아들이 하고 싶은 일을 찾아 그걸 하며 행복하게 살기를 바란다고 했습니다. 부모가 자식에게 강요하는 것도 없는데 무엇이 문제였을까요? 아들이 진정으로 원하는 것도, 무엇이 되고 싶다는 꿈도 없다는 것이 문제였습니다. 부모님처럼 안정적으로 살고 싶다는 막연한 신기루만 품고 있을 뿐 자신이 어떻게 살고 싶은지 뚜렷한 그림을 그려본 적이 없었던 것이지요. 아들은 시간이 흐르면 자연스럽게 다 되어 있을 거라 여겼다고 했습니다. 그러고 나서 한마디 덧붙이더군요. "아무리 노력한들 원하는 대로 살 수도 없고 아등바등 산다고 행복해지는 것도 아니잖아요."

하고 싶지 않지만 남의 기준대로 대로 무작정 따라 살다가 지쳐버린 사람이 많습니다. 남들에게 그럴듯해 보이는 것을 좇으며 살다 허무와 공허감에 빠져 어쩔 줄 몰라 합니다. 어떻게 살 것인가에 대해 고민하지 않은 채 그저 열심히 하면 '뭐라도 되겠지'라는 생각으로 살다가 탈진해버린 이도 많습니다. 최선을 다하면 행복은 저절로 찾아올 거라 믿고 세상의 기준에 맞춰 맹목적으로 앞만 보고 달리다가 진이 다 빠져버린 것이지요.

멀리 보고 노력하라고, 최선을 다하라고 조언하기 어려워졌습니다. 먼 훗날의 성공을 위해 현재를 희생하는 것이 제대로 사는 거라고 말할 수 없게 되었습니다. 노력한들 꿈이 이뤄진다는 보장도 없고 거창하지 않아도 그럭저럭 잘 살고 싶은 작은 희망마저 자꾸 짓밟히는 사회를 살고 있으니까요.

어떻게 살아야 하는가는 지금껏 누구도 정답을 알려주지 못했던 물음입니다. 기원전부터 지금까지 삶의 진리를 탐색한 철학자라면 누구나 이 문제를 붙들고 고민하며 이에 대한 답을 한두 마디씩 해왔습니다. 그러나 '모든 삶은 나를 찾아가는 여정이다'라는 말에는 누구도 토를 달지 못할 겁니다. '인생이란 진정한 자기를 찾아 그것을 실현 시켜나가는 것이다'라는 말에는 누구나 고개를 끄덕일 겁니다. 익숙한 표현으로 바꾸어 말하면 '나답게 살기'라고 할 수 있습니다.

나답게 산다는 건 어떻게 사는 걸까요? 잘 모르겠다고 하는 사람이 대부분이죠. 삶의 정답을 자기 밖에서 찾는 것에 익숙해져버렸기 때문입니다. 내가 만족하고 행복한지도 타인의 인정에 의해 결정되는 세상입니다. 학창시절 성적은 내가 쓴 답이 문제집 끝에 붙어있는 해답지와 일치하느냐에 따라 정해지고 나의 직무 능력은 면접관이 결정해주고 내 삶이 행복한지는 SNS의 '좋아요' 숫자가 말해준다고 믿으니까요. 심지어 자신의 욕망에 대한 확신조차 갖기 어려워졌습니다. 쏟아지는 광고는 '당신이 원하는 것은 바로 이것이다'라고 한시도 쉬지 않고 거짓 욕망을 주입하고 있으니 내가 욕망하는 것이 진정 내 안에서 비롯된 것인지 혼란스러울 수밖에 없습니다.

또 하나, 경쟁이 너무 치열하다 보니 자신을 타인과 비교하는 게 당연해졌습니다. 우리는 모두 내가 정한 목표에 이르는 것보다 남을 앞지르는 것이 더 중요한 세상에서 살고 있습니다. 남들과 다르게 살다가는 생존마저 위협받기도 하지요. 그 속에서 나다움을 추구하기 위해서는 굉장한 용기가 필요한

데…… 평범한 사람이 이런 용기를 갖기란 말처럼 쉽지 않습니다.

살아가는 데 변치 않는 기준은 나 자신이어야 합니다. 내면 깊숙한 곳에서 불이 비춰지기를 바라며 웅크리고 있는 잠재력을 찾아 그것을 세상에 드러내는 것이 삶의 목표가 되어야 합니다.

나다움은 단순히 이제부터 나다워지겠다고 결심해서 찾아지는 것이 아닙니다. 나다움을 찾고자 한다면 내 안의 무감각해진 감성부터 회복해야 합니다. 감성을 회복한다는 건 감동받을 수 있는 힘을 키운다는 겁니다. 자신과 자신을 둘러싼 주변에 관심을 갖는 능력을, 일상 속 소소한 일에서도 기쁨을 느끼는 능력을 키운다는 것이지요.

감성이 충만하면 자신이 무엇에 감동하는지를 깨닫고 그것을 더 많이 느끼며 삽니다. 진정으로 원하는 것을 하려는 의욕이 넘치고 앞으로의 삶에 대한 기대도 커집니다. 반대로 감성이 무뎌지면 세상에 흥미를 잃고 어떤 일에도 감동을 느끼지 못합니다. 진정한 자기로부터 소외됩니다. 결국 감성을 잃어버린다는 건 나를 잃어버리는 겁니다. 세상에 감응하며 나를 감각할 수 있어야 합니다. 이런 느낌들이 쌓여가면서 나라는 사람의 정체성도 변화해갑니다.

나다운 삶을 살기 위해서는 또한 내면에 오랫동안 뿌리내린 불안과 부정적인 생각을 점검해야 합니다. 자신을 부정하고 무가치한 존재로 여기는 잘못된 생각의 습관을 교정해야 합니다. 불만스러운 자기 모습을 긍정하고 받아들일 수 있어야 합니다. 과거의 행복했던 기억을 다시 일깨울 줄도 알아야 합니다. 그래야 고된 현실을 견디며 앞으로 나아갈 힘을 얻습니다.

느끼는 힘을 길러야 합니다. 매순간 두 발을 딛고 서 있는 현실의 감각들을 민감하게 느끼며 살아야 합니다. 나답게 산다는 건 나를 느끼며 산다는 겁니다. 내가 좋아하는 것을 향해 레이더를 펼치고 그것을 받아들였을 때 기쁨을 만끽할 수 있고 그래서 감동할 때 진짜 자신을 자각하게 됩니다. 이런 욕망들이 모여 나라는 사람의 정체성을 이루는 겁니다.

정신과 교수로 일했던 시절, 학술 논문을 읽고 쓰며 많은 시간을 보냈습니다. 유명 학술지에 실린 연구 결과를 좇아가다 보면 그 속에서 행복의 비결을 발견할 수 있으리라 믿었습니다. 그걸 제대로 찾아내기만 하면 내담자들의 고통을 모두 치유해줄 수 있을 것이라고 기대했습니다. 하지만 인간과 삶의 본질은 그곳에 있지 않았습니다. 임상 경험을 통해 깨달은 바를 메마른 학술 논문에 우겨넣기보다 사람들의 손이 쉽게 닿을 수 있는 책과 글에 담아내는 것이, 내가 표현할 수 있는 실용적인 언어로 누구나 편하게 익힐 수 있는 정신건강증진법을 알려드리는 것이 가장 나다운 일이란 걸 알게 되었습니다.

나다움을 찾는 연습이 힘들고 고되어야 할 필요는 없습니다. 얼마든지 즐거울 수 있습니다. 나다움을 찾아가는 여정을 따라가다 보면 시나브로 달라진 자신을 발견하게 될 것입니다.

나는 진정으로 변화를 원하는가

환자의 마음에 평온이 찾아온 게 분명한데도 그 이유를 정확히 모를 때가 있습니다. 종종 환자에게 "무엇 때문에 좋아진 것 같으세요?"라고 직접 물어보곤 합니다. "선생님이 잘 치료해주셔서 그렇지요"라는 대답이 돌아오면 기분이 잠시 좋기는 해도 곧이곧대로 받아들이지는 않습니다. 진실이 아니기 때문입니다.

의사인 저도 이유를 콕 짚어 말하지 못할 때가 적지 않습니다. 나름대로 이렇게 저렇게 설명하지만 확실히 증명해낼 도리도 없습니다. 한 사람의 마음과 행동이 변하는 데는 수많은 요인들이 엉켜 있습니다. 심리 문제는 단 하나의 치유 성분만으로 해결되는 게 아닌 탓이죠.

환자에게 긍정적 변화가 일어났을 때 실제로 그것에 기여한 요소가 무엇인지 의사와 상담사들은 늘 궁금해합니다. 이와 관련된 논문들도 꽤 많이 발표되어 있지요. 이것들을 종합적으로 분석했던 한 연구 결과를 보면, 심리 치료가 효과적인 것은 맞지만 그것이 환자를 변화시키는 데 기여한 정도는 그리 크지 않습니다. 위스콘신대학교 상담심리학과의 브루스 웜폴드Bruce Wampold 교수는 환자의 긍정적 변화에 치료법 그 자체가 미친 영향은 13%에 불과하다고 했습니다. 바꿔 말하면 환자의 변화에는 치료 외적인 요인이 더 크게 작용한다는 뜻입니다.

환자는 자신이 원하는 변화를 이끌어내줄 획기적인 무언가를 기대할 수 있겠지만 누구에게나 언제나 잘 작동하는 그런 심리 치료는 존재하지 않습니다. 훌륭한 치료자가 훌륭한 기술을 동원해서 상담하면 분명 효과적일 겁니다. 당연한 이야기지요. 하지만 인간이 변화하기 위해서는 심리 치료가 아닌 다른 무언가가 더 필요합니다.

환자에게 희망을 불어넣을 수 있다면 어떤 치료 모형을 활용하든 변화를 불러일으킬 수 있습니다. 치료자가 정신분석가든, 인지행동치료자든, 제3의 치료법을 활용하든 또는 그 밖의 다른 접근법을 활용하든 상관없이 실의에 빠진 이에게 희망을 심어주는 것만으로도 긍정적인 변화를 이끌어낼 수 있습니다. '희망 불어넣기'라는 진부하게 들리는 심리 치료를 했을 때, 치유적 변화를 일으키는 것과 동등한 수준의 효과를 발휘하는 것으로 알려져 있습니다.

환자와 의사, 내담자와 상담자가 맺는 동맹은 치료법 그 자체보다 훨씬 더 중요합니다. 환자의 변화에 기여하는 정도도 치료기법보다 두 배나 더 큽니다. 서로 잘 소통할 수 있고 신뢰가 형성되어 환자 내면에서 변화의 동기가 일어나게끔 만드는 치유적 관계, 그 자체가 효과를 발휘합니다. 진료실에서의 치유적 경험과 상담하는 동안 환자가 시나브로 터득한 통찰이 그의 일상으로 번져나갈 때 진정한 변화가 일어납니다.

"그러면 선생님은 치료에서 가장 중요한 핵심 성분이 무엇이라고 생각하나요?"라고 저에게 묻는다면 두 가지를 꼽겠습니다. 우선 환자 자신이 가장 중요합니다. 의사나 상담사 혹은 어떤 항우울제를 쓰느냐보다는 '변화를 원하는 이가 어떤 마음가짐과 태도를 가지고 있느냐' 하는 것이 스트레스와 번아웃에서 벗어나고 우울증을 날려버리는 데 가장 결정적인 요인으로 작용한다고 해도 과언이 아닙니다. 물론 이 말은 모순된 의미도 품고 있습니다. 무진 애를 썼는데도 긍정적인 변화가 일어나지 않는다면 그 이유 또한 환자 안에서 찾을 수 있다는 뜻이기 때문이죠.

변화를 위한 가장 중요한 마음가짐과 태도를 묻는 질문에 누군가는 밝고 긍정적인 마음가짐과 적극적인 태도라는 이도 있을 것이고, 변하고자 하는 목표를 향한 투지와 집념이라고 답하는 이도 있을 겁니다. 모두 어느 정도 맞는 이야기지만 저는 다르게 대답하겠습니다. 결정적인 요인은 따로 있습니다. 그건 바로 경험에 대한 개방성Openness to experience입니다. 치유적 관계를 맺기 위해서도, 희망을 갖게 하기 위해서도, 치료 기법을 상담에 적용하기 위해서도 환자의 마음이 새로운 경험을 향해 열려 있어야 변화가 일어납니다. 이것이 변화를 일으키는 핵심 요소입니다.

삶은 경험이고 경험 그 자체가 인생입니다. 인생의 의미를 찾는 일도 경험을 통해야만 가능합니다. 비록 원하는 바를 이룰지 확신이 들지 않더라도 간절히 소망하는 것을 향해 나를 던져 넣고 또 뛰어들고 또 다시 부딪혀 나가는 동안 무수한 체험들이 나란 사람을 성장하게 만듭니다. 이 세상 사람 누구에게나 적용되는 인생의 목표란 게 있다면, 그것 또한 세상이 던져주는 경험을 온몸으로 끌어안아 나란 사람을 점점 더 충만하게 만드는 것입니다.

첫 번째 마음공부 :

스트레스,

견디는 힘을
어떻게 키울 것인가

스트레스 자가 척도(PSS)

다음 문항은 최근 한 달 동안 당신이 느끼고 생각한 것에 대한 내용입니다.
각 문항에 해당하는 내용을 얼마나 자주 느꼈는지 표시해보세요.

		전혀 없었다	거의 없었다	때때로 있었다	자주 있었다	매우 자주 있었다
1	예상치 못한 일 때문에 당황한 적이 얼마나 있습니까?	0 ☐	1 ☐	2 ☐	3 ☐	4 ☐
2	인생에서 중요한 일들을 조절할 수 없다는 느낌을 얼마나 경험했습니까?	0 ☐	1 ☐	2 ☐	3 ☐	4 ☐
3	신경이 예민해지고 스트레스를 받고 있다는 느낌을 얼마나 경험하였습니까?	0 ☐	1 ☐	2 ☐	3 ☐	4 ☐
4	당신의 개인적 문제들을 다루는 데 있어서 얼마나 자주 자신감을 느꼈습니까?	4 ☐	3 ☐	2 ☐	1 ☐	0 ☐
5	일상의 일들이 당신의 생각대로 진행되고 있다는 느낌을 얼마나 경험하였습니까?	4 ☐	3 ☐	2 ☐	1 ☐	0 ☐
6	당신이 꼭 해야 하는 일을 처리할 수 없다고 생각한 적이 얼마나 있었습니까?	0 ☐	1 ☐	2 ☐	3 ☐	4 ☐
7	일상생활의 짜증을 얼마나 자주 잘 다스릴 수 있었습니까?	4 ☐	3 ☐	2 ☐	1 ☐	0 ☐
8	최상의 컨디션이라고 얼마나 자주 느꼈습니까?	4 ☐	3 ☐	2 ☐	1 ☐	0 ☐
9	당신이 통제할 수 없는 일 때문에 화가 난 경험이 얼마나 있었습니까?	0 ☐	1 ☐	2 ☐	3 ☐	4 ☐
10	어려운 일이 너무 많이 쌓여서 극복하지 못할 것 같은 느낌을 얼마나 자주 경험하였습니까?	0 ☐	1 ☐	2 ☐	3 ☐	4 ☐

총점이 높을수록 스트레스가 높다고 할 수 있습니다. 일반적으로 13~16점은 경도 스트레스, 16~18점은 중증도 스트레스(우울증 및 불안증 검사 필요), 18점 이상은 심한 스트레스로서 우울증, 불안증 검사 및 정신건강 전문가와의 상담이 필요하다고 볼 수 있겠습니다.

아픈 줄도
모르고 살아가는

요즘 어른을 위한
마음공부

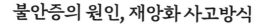

불안증의 원인, 재앙화 사고방식

걱정 없는 사람은 세상에 없습니다. 세상은 걱정거리 투성이니까요. 어느 정도의 걱정은 살아가는 데 필수입니다. 인간은 걱정하는 존재이기 때문에 미래를 계획하고 문제를 예방할 수 있습니다. 그런데 걱정과 불안은 다릅니다.

불안에 빠진 이는 걱정해봐야 소용없는데도 그 생각을 떨쳐내지 못합니다. 더 많이 고민해야 위험에 대비할 수 있다고 믿기 때문이죠. 걱정했던 최악의 상황이 닥치는 건 무수한 가능성 중에 하나일 뿐이고 대개는 그 확률이 낮은데도 불행이 지금 당장 들이닥친 것처럼 느낍니다. 걱정을 실제처럼 믿으니 불안증이 생기는 것입니다. 재앙을 상상하는 것만으로도 우리 신체는 실제로 그 일이 일어난 것처럼 반응합니다. 몸이 떨리고 심장이 뛰고 호흡이 가빠집니다.

상사가 중요한 프레젠테이션을 맡겼을 때 발표를 망치면 안 된다고 걱정하는 건 자연스러운 심리입니다. 이런 마음 때문에 더 열심히 준비하게 되니까요. 그런데 불안에 취약한 사람은 '발표할 때 머릿속이 하얘져서 말도 제대로 못 할 것 같아. 그러면 상사에게 밉보여서 승진도 못 할 거야. 후배들은 나를 무능하다고 비웃을 거야'라며 있지도 않은 일을 머릿속에서 생생하게 그려냅니다. 이런 이미지는 신경을 곤두서게 하고 좌불안석하게 만들죠.

걱정이 불안이 되지 않게 하려면 자신의 생각을 관찰하고 실효적으로 행동해야 합니다.

세상의 모든 불안은 두 가지로 나뉩니다. 첫 번째는 걱정했던 일이 실제로 일어날 가능성이 희박한데도 그렇게 될 것이라 믿기 때문에 생기는 불안입니다. 전문 용어로 표현하면 '부정적 결과의 발생 가능성에 대한 과대 추정'인데, 먹구름이 조금만 껴도 번개가 내리쳐서 나무를 쓰러뜨릴 거라고 예상하는 식입니다. 발생 가능성은 무지하게 낮고 자기 힘으로 막을 수 없는 일이라면 '운명에 맡기자, 하늘의 뜻에 따르자'라고 마음을 고쳐 먹어야 합니다.

물론 우리가 걱정하는 일 중에는 실제 일어날 확률이 무시하지 못할 정도인 것들도 꽤 있습니다. 예를 들어 직장을 잃고 재정적 곤란에 빠지는 상황은 누구나 겪을 수 있지요. 이런 걱정은 "그런 일이 생길 가능성은 낮으니까 불안해 하지 마"라는 말로 누그러들지 않습니다. 이런 종류의 걱정이 불안으로 번지는 건 '재앙화Catastrophizing 사고방식' 때문입니다. 자기가 쓴 보고서에 오타 몇 개 있다고 '상사에게 완전히 찍혔어. 권고사직 당할 거야. 내 인생은 파탄나고 말 거야'라고 파국적인 결과를 떠올리는 것처럼요.

이런 걱정이 불안으로 번지지 않게 하려면 '아, 이건 재앙화 사고구나!'하고 알아차리고 '다음부터는 더 꼼꼼히 점검하자'라고 마음먹고 실천하면 됩니다. 나쁜 상황이 닥치더라도 극복해낼 수 있도록 자신의 능력을 더 발전시키는 것이 가장 좋은 불안 예방법이지요. 가족과 친구, 상담사를 붙들고 "나 잘할 수 있겠죠? 잘 해낼 거라고 응원해주세요!"라며 위로를 구하는 걸로는 걱정과 불안을 떨쳐낼 수 없습니다.

내 안의 악마 다스리기

'언젠가부터 마음속에 괴물이나 악마가 살고 있는 것 같아 두렵다. 나에게 스트레스를 주는 상사, 동료를 향해 엄청난 저주의 말을 퍼붓고 마음속으로 폭력을 휘두르기도 한다. 그들이 죽어버렸으면, 아니 죽여버리겠다는 마음까지 들곤 한다.'

이런 사연을 많이 듣습니다. 대개 마음이 착하고 여린 분들이 이런 고민을 많이 합니다. 내 마음이 순수하지 않은 것이 견디기 힘들다며 괴로워합니다. 내가 어떻게 이런 심한 생각을 하는지 받아들일 수 없다며 불안해합니다. 나중에는 나에게 스트레스를 주었던 사람에 대한 원망보다 스스로 폭력적인 생각을 떠올렸다는 자체로 더 고통스러워합니다. 심한 경우는 죄책감에 빠집니다.

인간의 마음은 끊임없이 생각을 만들어냅니다. 심리학자 에릭 클링거Eric Klinger에 따르면, 특정한 생각은 보통 5초 정도 지속됩니다. 하루 16시간을 기준으로 한 사람이 하루에 약 4,000가지 정도의 생각을 하는 것이죠. 이렇게 많은 생각을 하다 보면 공격적인 생각, 성적인 생각, 더럽고 불손한 생각이 한두 가지는 반드시 끼어들게 마련입니다. 한 연구에 따르면 일반인의 94%가 자기 자신의 의지와 상관없이 성적이거나 더럽거나 오염되었거나 공격적이고 폭력적인 생각을 한다고 합니다.

결국 나쁜 생각 하나 없는 100% 순수한 마음을 유지하기란 사실상 불가능한 것이 아닌가 싶습니다. 충동적인 생각, 공격적인 생각은 정도의 차이가 있을 뿐 누구나 가지고 있고 이런 생각을 한두 번쯤 하게 되는 것이 일반적입니다.

스트레스를 많이 받고 있으면 이런 생각들이 더 자주 떠오르게 됩니다. 뇌리에서 쉽게 지워지지도 않습니다. 뇌의 전두엽은 불필요한 생각을 억누르고 목표에 집중하도록 만드는 기능하는데 스트레스를 받으면 전두엽 기능이 떨어져서 생각을 억제하는 힘도 약해지기 때문입니다. 그러니 스트레스를 받을 때 충동적인 생각이 더 많이 드는 것 또한 자연스러운 생리 반옹이라고 할 수 있습니다.

이상해졌다고 스스로를 의심하기보다는 내가 스트레스를 많이 받아서 원치 않는 생각이 더 많이 떠오르는 것은 아닌가, 하고 자신의 선택을 잘 살펴보는 게 먼저입니다. 그리고 스스로를 위로해줄 수 있어야 합니다.

스트레스 유발자를 향한 공격성이 불쑥불쑥 올라오는 이유는 실제 현실에서는 그렇게 행동할 수 없었기 때문이기도 합니다. 당연히 그렇게 행동하면 안 되지만 부당한 공격을 받았는데 제대로 방어하지 못했다고 생각하면 쉽게 지워지지 않습니다. 잔상도 오래 남습니다. "왜 그때 제대로 대꾸를 못 했을까? 당하기만 하고 말도 제대로 하지 못했을까?"라는 생각이 들수록 공격성이 더 강하게 일어납니다.

억지로 생각을 쫓아내려고 하거나 억누르려고 애쓰면 안 됩니다. 생각을 억제하려고 하면 오히려 생각이 더 많이 떠오릅니다. 이것을 '생각 억제의 역설적 효과Paradoxical effect of thought suppression'라고 합니다.

생각이 괴로움을 유발하는 이유는 생각을 마치 현실처럼 취급하기 때문입니다. 야한 생각을 한다고 해서 모든 사람이 변태는 아니고 공격적인 생각이 스쳐간다고 해서 그 사람이 사이코패스인 것은 아닙니다. 생각이 현실과 같다면 대한민국 사람들은 이미 모두 부자가 되었을 겁니다.

스스로 마음을 다스릴 수 있는 방법 한 가지를 알려 드리겠습니다. '이매저리 리스크립팅Imagery rescripting'이라고 하는 건데요. 우리말로 '심상 재각본' '심상 고쳐쓰기' '마음속 이미지 고쳐 쓰기'라고 부를 수 있을 겁니다.

먼저 눈을 감고 깊은 호흡을 하세요. 그리고 스트레스를 받았을 때의 상황을 천천히 그려보세요. 지금이라면 그 상황에서 스트레스를 받지 않기 위해 어떻게 말하고 행동할지 새롭게 자기 모습을 그려보세요. 주눅들지 않고 당당하게 대처하는 자기 모습을 떠올려보세요. 그렇게 했을 때 어떤 기분이 들지 마음으로 느껴보세요. 신체에서는 어떤 감각들이 일어나는지 느껴보는 겁니다. 직장에서 스트레스를 받아도 자기주장을 잃지 않고 당당해진다면 스스로에 대해서 어떻게 느끼게 될지 상상해보세요.

자기를 사랑해주는 사람을 떠올려보세요. '나를 사랑하는 그 사람이라면 힘들고 지친 나에게 어떤 말로 위로해줄까?"라고 말이죠. 이렇게 상상하는 것만으로도 마음의 평정과 위안을 얻게 됩니다. 비록 현실을 바꿀 수는 없어도 현실을 살아갈 수 있는 새로운 에너지를 다시 얻을 수 있습니다. 힘들고 지쳐도 쓰러지지 않고 자기를 지켜 나가는 힘이 다시 생길 겁니다.

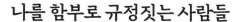

나를 함부로 규정짓는 사람들

사회생활을 막 시작하는 사람이라면 "○○씨는 아직 여려서…"라는 말을 들어본 적 있을 겁니다. 특히 상사에게서요. 이때 상사는 마치 내 성격을 모두 간파한 듯 단정적으로 말하는 특징이 있습니다.

그 누구도 사람의 마음은 정확히 알 수 없습니다. 사회생활을 오래 해서 척 보면 다 안다는 사람 치고 제대로 볼 줄 아는 사람, 저는 한 번도 보지 못했습니다. 이런 사람은 자기가 편한 대로 다른 사람의 성격을 쉽게 판단해버립니다. 자기 기준으로 사람을 함부로 평가하고 타인의 잠재력을 깎아 먹습니다. 후배의 진정한 장점도 찾아주지 못하고 제대로 키워주지도 못

합니다. 이런 사람들과 가까이 지내보면 알게 모르게 마음에 상처를 입는 일도 많이 생깁니다.

자신감이 떨어지고 불안할 때는 다른 사람들이 자기 마음을 꿰뚫어 보고 있는 듯한 느낌을 받게 됩니다. 이럴 땐 "아, 지금 내가 조금 불안한가 보다, 내가 지금 이 상황에서 자신이 없구나." 하고 생각해야 합니다.

사람들이 가장 궁금해하는 것 중 하나가 자신의 성격입니다. 그런데 인간의 성격은 자기 자신을 포함해서 세상 누구도 정확하게 규정할 수 없습니다.

성격 중에는 타고난 부분도 있지만 경험을 통해 만들어지는 부분도 있습니다. 유전적으로 결정된 기질이라 하더라도 삶의 결정적 순간에 맞닥뜨리면 그 기질과는 정반대의 성향을 보이기도 하는 것이 인간입니다.

'나는 마음이 여린 사람이다'와 같이 간단한 말 한마디로 자신의 속성을 함부로 규정해버리면 그것은 진짜 문제가 됩니다. 단순한 언어로 규정된 자기 자신이 마치 진짜 모습인양 착각하고 그것에 맞추어 행동하기 때문입니다. 자신의 성격을 규정하고 성격을 바꾸려고 애를 쓰면 쓸수록 더 우울해지고 자신감은 떨어집니다.

자기 자신에게 과도하게 집중하는 현상을 '자기 초점 주의

Self-focused attention'라고 합니다. 자기 초점 주의가 강해질수록 부정적인 생각과 부정적인 감정은 더 커집니다.

자신의 손등을 몇 분간 뚫어져라 보세요. 손에는 아무런 문제가 없는데도 마치 손 위로 개미가 기어가거나 맥박이 뛰는 듯한 이상한 감각을 느끼게 될 겁니다. 평소에는 모르고 있었던 이상한 점 같은 것이 눈에 띄어 괜히 쓸데없는 걱정에 빠지기도 할 겁니다. 자기를 뚫어지게 관찰하는 것이 오히려 자신의 부정적인 점에 더 초점을 기울이고 별것 아닌 것을 심각한 문제로 받아들이는 것이지요. 실제로 사회 불안 장애, 수행 불안 장애를 가진 환자는 이런 자기 초점 주의가 과도하게 나타나는 것으로 알려져 있습니다.

남의 평가대로 자신을 규정짓지 말고 있는 그대로의 나와 어떻게 관계 맺을지 집중해야 합니다. 자기 자신을 부끄러워하고 다른 무언가로 바꾸려고 하면 자기 초점 주의에 빠져들어 더 긴장하게 되고 자신감은 떨어집니다. 실수도 잦아집니다. '나는 누구인가? 내 성격은 어떤가?' 하는 것에만 관심을 기울여서는 불안에서 벗어날 수 없습니다. 나를 벗어난 무엇, 혹은 누군가를 향해 헌신하면 불안은 저절로 옅어집니다.

자신의 성격이 다른 사람에 비해서 더 여린지 아닌지는 세상 누구도 알 수 없습니다. 내가 여리다는 말을 듣고 또 그렇다고 생각하니까 여린 마음을 가진 것처럼 행동하게 된 것일 수도 있습니다. 설사 실제로 마음이 여리다고 슬퍼할 필요가 없습니다. 마음이 여려도 직장 생활 잘 할 수 있고 성공할 수 있으니 자기 자신을 더 아끼고 사랑해주세요.

직장 내 정치 싸움 대처법

직장생활을 하다보면 소위 '라인'을 타야 할 때가 있습니다. 그러다보면 회사 내 정치 싸움에 끼일 때도 있습니다. 이러지도 저러지도 못하는 고래 싸움에 등 터지는 새우처럼 말입니다. 이런 상황을 심리학적으로 '이중 구속Double bind'이라고도 합니다. 상호 모순된 두 가지 메시지를 동시에 전달받은 사람이 그 메시지에 긍정적으로도 부정적으로도 답할 수 없게 만드는 의사소통 방식을 말합니다. 아이에게 "아빠가 좋아, 엄마가 좋아?"라고 물어서 혼란에 빠뜨리는 것이 가장 흔한 예입니다. 직장 상사가 "솔직하게 편히 말해"라고 해서 솔직히 말했다가 네가 그럴 줄은 몰랐다며 기분 나빠 하는 것도 이중 구속에 해당합니다.

직장인은 누구나 이런 곤란한 상황을 겪을 수밖에 없습니다. 옳고 그름의 문제가 아니라 힘으로 결정 나는 것이 정치 싸움의 원리입니다. 그러니 사내 정치에 휘말려 들면 가장 힘없는 사람이 희생양이 됩니다.

정치 싸움, 권력 투쟁, 라인… 이런 것이 없는 직장은 세상에 존재하지 않습니다. 그런 희망 품어 봐야 마음만 더 괴로워집니다. 사랑하는 가족 사이에서도 이중 구속은 흔히 일어나는 현상인데 피 터지게 경쟁하는 직장에서 이런 일은 당연히 일어나게 마련입니다. 슬프지만 이중 구속은 삶의 본질에 한 부분입니다.

마음이 착하고 여린 사람, 성실한 사람, 원칙을 지키는 사람일수록 이중 구속 상황에서 더 괴로움을 느낍니다. 이런 사람은 이중 구속에 처하면 쉽게 주눅이 듭니다. 자꾸 긴장하고 위축됩니다. 절대로 합쳐질 수 없는 양쪽의 눈치를 살피며 극심한 스트레스를 받습니다.

그런데 눈치 보고 주눅 들어 있으면 괜한 오해를 사게 됩니다. 어차피 이런 상황에서는 일을 열심히 해봐야 티도 안 나고 오히려 양쪽에서 욕을 먹게 되어 있습니다. 중립을 지키면 양쪽에서 의심받고 한쪽 라인을 타면 다른 라인에서 역정을 낼

테니… 어떻게 해도 좋은 소리 듣기 힘듭니다. 이때는 열심히 일하지 않아야 합니다.

당신의 성실함을 조금 내려놓으세요. 윗사람이 시키는 일을 철저하게 잘하려는 마음을 내려놓으란 뜻입니다. 아무리 노력해도 좋은 말 듣기 힘들고 억울한 일을 겪게 된다면 속에서는 억하심정만 키우게 됩니다. 이는 곧 회사에 대한 분노로 이어지고 번아웃에 빠질 수도 있습니다.

일은 적당한 선에서 마무리 짓고 그럴 듯하게 한 것처럼 멋지게 포장하는 노련함을 익혀야 합니다. 지금 자신이 처한 상황을 직무 보수 교육이라고 여기세요. 이런 상황에서는 일을 더 철저하게 해야 한다고 생각하지 말고 조직 생활을 잘하기 위해 보수 교육을 받는 중이라고 생각하세요. 어떤 교육이냐고요? 직장생활의 필수 영양소인 뻔뻔함과 능글맞음을 능수능란하게 활용하기 위한 트레이닝이지요. 뻔뻔함과 능글맞음을 눈치 보며 표현하는 것이 아니라 진심이 담겨 있다고 상대가 느낄 수 있도록 훈련 중인 겁니다.

그리고 또 하나 더 유념해야 할 것이 있습니다. 이런 상황에서는 중립을 지키는 것이 전부가 아닙니다. 직장이 아니라 인생에서 더 중요하고 의미 있는 것이 무엇인지 고민해야 합니다. 자신의 삶 전체를 통틀어 봤을 때 본질적인 것과 그렇지 않은 것을, 의미 있는 것과 의미 없는 것을 구분할 수 있어야 합니다.

직장생활이란 자기 인생의 가치와 회사가 요구하는 가치에서 일치하는 부분을 찾아서 그것을 실현해가는 것입니다. 개인이 추구하는 가치관과 회사의 그것이 조화를 이루면 일에 대한 몰입도와 만족도가 올라갑니다. 이것을 '개인-조직 적합성Person-organization fit'이라고 합니다.

어차피 어느 라인이든 상사는 언젠가 회사를 떠날 겁니다. 지금은 괴롭더라도 나를 위한 시간도 반드시 옵니다. '나에게 일이란 어떤 의미인가?'를 끊임없이 스스로에게 묻고 답하며 그 때가 오기를 기다려야 합니다.

위로 대신 조언만 늘어놓는 사람의 심리

　　밖에서 스트레스받고 자존심 상해서 집에 오면 나를 위로해주는 사람이 아무도 없다는 말을 많이 듣습니다. 배우자에게 스트레스 받았던 일을 말하면 "여보 힘내! 그래도 버텨야지 어떻게 하겠어"라는 말이 돌아옵니다. 내 마음을 따뜻하게 어루만져주는 그런 위로의 말을 듣고 싶은데 왜 아무도 나를 위로해주지 않는걸까요? 나는 어디서 위로받아야 할까요?

　오래전에 상담했던 회사의 중역은 이런 이야기를 하더군요. 회사에서 스트레스 받는 것은 다 참겠는데 배우자가 내 맘 몰라주는 건 도저히 못 견디겠다고 말이죠. 겉으로 보기에는 강한 사람인데 배우자가 자기 마음 몰라주는 것이 가장 큰 스트레스라고 하니까 사람 마음의 역설적 속성 한 켠을 몰래 엿보는 듯했습니다.

가장 먼저 하고 싶은 말은 겉으로 드러나는 스트레스에 속아서는 안 된다는 겁니다. 스트레스라는 말을 입버릇처럼 쓰는 시대이지만 엄격히 말하면 스트레스는 원래 물리학 용어이고 이것을 의학과 생리학에서 차용해서 써왔던 것이 이제 일상용어가 되었습니다. 스트레스라는 것은 말처럼 명확한 것이 아닙니다. 저는 자주 이렇게 말합니다. 사는 것 자체가 스트레스이고, 스트레스가 없어져서 홀가분해지는 것은 죽고 난 뒤에나 가능한 일이라고.

사람의 마음을 아프게 하는 진짜 문제는 스트레스가 발생하는 상황이 아니라 이후에 힘들고 지친 내 마음을 다른 사람이 몰라주는 것, 그것도 내가 가장 사랑하는 사람이 몰라주는 것입니다.

마음의 작동 원리 중에 교정 반사Correction response라는 것이 있습니다. 상대에게 문제가 있다고 느껴지면 우리는 그것을 고쳐주기 위해 반사적으로 옳은 말을 내뱉게 됩니다. 무릎 가운데를 치면 자기 의지와 상관없이 다리가 튕겨 올라가는 것처럼 말이죠. 자기가 아끼고 사랑하는 사람이 "내가 ○○ 때문에 힘들어"라고 감정을 섞어서 하소연하면 당장 뭔가를 해주어야 할 것 같은 압박감을 느낍니다. 도움이 될 만한 정답을 알려주어야 한다는 마음이 생기는 것이지요.

교정 반사와 정답을 말하고 싶어하는 욕구는 억누르기가 굉장히 어렵습니다. 힘든 일을 친구에게 털어놓았다가 괜히 기분만 상했다고 하소연하는 사람의 상황은 대개 이 교정 반사의 희생양이 된 겁입니다. 위로해달라고 털어놓았는데 친구가 옳은 말, 바른 충고만 잔뜩 늘어놓아 빈정 상하게 된 것이죠. 고민을 전해 들은 친구가 교정 반사 욕구를 억누르지 못해서 생긴 결과입니다.

눈 위에서 차바퀴가 미끄러지기 시작하면 미끄러지는 방향으로 핸들을 돌려야 차가 더 미끄러지지 않죠. 그래야 차를 다시 도로로 돌아오게 할 수 있는 마찰력이 생깁니다. 상대가 잘못된 방향으로 미끄러지는 것 같더라도 미끄러지는 그 방향으로 우선은 핸들을 돌려주어야 합니다. 상대를 옳은 말로 옳게 만들려 애쓰면 오히려 사고가 납니다.

이 간단한 원리를 사람들은 쉽게 잊어버립니다. 평소에는 잘 알고 있다가도 감정 섞인 말을 들으면 불끈 솟아나는 교정 반사 욕구에 휘둘리고 맙니다. 특히 사랑하는 가족이라면 더 그렇게 되기 쉽습니다. 가족이 힘들다는데 어떻게 가만히 듣고만 있겠습니까. 진정으로 도움이 될 수 있는 말 한마디를 건네고 싶어지는 게 자연스러운 심리입니다.

가까운 사이라면 듣기 좋은 말만 내뱉지 못합니다. 우리는 현실을 살아가고 있으니까요. 아끼는 사람의 인생에 대해서 책임감을 강하게 느낄수록 달콤하게 들리는 막연한 위로만 하기 힘든 법이죠. 회사 일에서 지친 남편에게 아내가 "그냥 회사 때려 쳐. 당신의 자유와 꿈을 찾아"라고 함부로 말 못합니다. 위로가 필요한데 정답과 옳은 말만 쏟아내는 사람을 야속하다고 생각하지 마세요. 상대가 그렇게 하는 것은 당신에게 무한한 책임감을 느끼고 있기 때문입니다. 그리고 당신을 진정으로 사랑하고 있기 때문입니다.

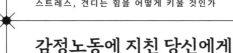

감정노동에 지친 당신에게

자신의 실제 감정이 아닌 조직에서 요구하는 규칙에 따라 감정을 표현하도록 강요받을 때 '감정노동을 한다'고 말합니다. 감정노동자가 고통 받는 이유는 정당하게 화낼 권리조차 박탈당했기 때문입니다. 인간의 자연스럽고 고유한 감정마저 왜곡한 채 일해야 한다는 비애감 때문이기도 하고요.

짜증 나는 고객을 웃으며 응대하다가 집에 와서는 별것 아닌 일로 가족에게 신경질을 부린 경험, 누구나 한 번쯤 있을 겁니다. 온종일 직장에서 시달린 맞벌이 부부는 퇴근해서 다투게 될 가능성이 높습니다. 일에 너무 많은 에너지가 소진돼서 사랑하는 가족 간에도 서로를 보듬기가 어려워서 그렇습니다.

외국의 연구 결과를 보면 감정노동자는 자녀에게도 감정을 억누르도록 하는 경향이 강하다고 합니다.

만약 당신이 감정노동자이고 무례하게 굴며 상식 밖의 언행을 하는 사람을 만난다면 한 가지 조언을 하고 싶습니다. 그가 어떤 삶을 살고 있을지 상상해보세요. 그 사람의 언행을 용서할 수 있는 이유를 상상해보는 거죠. '갑자기 암 진단을 받고 충격을 받아 그럴 수도 있겠구나''가족이 중환자실에 있어서 심리적으로 여유가 없겠구나' 하고 말이지요.

딱히 이런 상황도 없는 것 같은데 막무가내로 구는 사람이 있다면 '당신은 어쩌다 이렇게 냉정한 사람이 됐나요?'라며 측은하게 여기세요. '퇴근하면 이 사람을 안 봐도 되니 나는 얼마나 행운아야? 같이 사는 가족들은 얼마나 힘들까?'라고 상상해봐도 좋습니다.

냉수를 마시거나 얼음을 깨물어 먹거나 아무도 없는 곳에서 소리를 지르는 것도 도움이 됩니다. 마음 건강을 지키기 위해서는 억울한 감정, 모욕감을 억지로 참으려 해서는 안 됩니다. 나중에는 탈진 상태에 이르게 되니까요.

수치심과 모욕감을 느낀 사건의 충격은 생각보다 훨씬 오래갑니다. 그러니 "한두 달 지나면 괜찮아질 거야. 왜 아직도 그 생각에서 못 벗어나!"라고 함부로 말해서는 안 됩니다. 이런 경험은 절대 지워지지 않습니다. 그때 그 상황을 곱씹거나 "나는 왜 바보같이 그때 가만히 듣고 있었을까? 왜 강하게 반박하지 못했을까?" 하고 자책해선 안 됩니다. 반추에 빠져들면 불쾌한 감정은 배가됩니다.

불쾌한 기억을 극복하는 방법은 따로 있습니다. 그건 바로 새로운 기억을 만드는 겁니다. 불쾌한 기억에서 벗어나게 하는 것은 생각이 아니라 체험입니다. 친구와 수다도 떨고 연인과 손잡고 영화도 보고 산들바람이 불어오는 숲길을 산책하고 위안이 되는 음악을 몰입해서 듣는 체험이 필요합니다.

비록 회사에서는 무시당하고 고객에게는 막말을 들었지만 '내게는 나를 필요로 하는 사람이 있다. 내가 이 세상에서 살아야 하는 이유는 따로 있다'라고 자긍심을 되새길 수 있어야 합니다. 감정노동으로 상처 입은 자존감을 구원해 내는 궁극적인 방법은 자기 삶의 가치를 회사가 아닌 다른 곳에서 찾아내는 것밖에 없습니다.

자신을 다그치지 마세요. 자신의 감정을 무시하면서 이루어낸 성과는 언젠간 허물어집니다. 단단하게 굳힌 뒤 한 발 한 발 내딛는 발걸음이 오래 가는 법입니다. 주어진 환경을 이해하고 일과 자신의 삶을 분리할 줄 알고 타인의 감정에 지배당하지 않겠다는 마음가짐이 중요합니다.

억울한 마음을 다 날려버리기는 힘듭니다. 현실의 스트레스가 완전히 사라지는 날도 오지 않을 겁니다. 분한 마음을 스스로 달랠 줄도 알아야 합니다. 억눌린 감정을 조금이라도 풀어줄 수 있는 간단한 방법을 소개해드리겠습니다.

1. 안 쓰는 종이를 마구 구겨서 쓰레기통에 골인시키세요. 내 쓰레기통 말고 남의 쓰레기통에 하면 더 재미있습니다.
2. 자리에서 일어나 창가로 가세요. 창문 밖을 쳐다보고 낙서할 수 있을 만한 물건을 찾아보세요.
3. 자리에서 일어나 스트레칭을 하세요. 선 채로 허리를 구부리고 손을 바닥에 대는 자세 아시죠?
4. 의자에서 일어나 재빠르게 책상 정리를 하세요. 지금 즉시 1분 만에 해야 합니다.
5. 눈을 감고 1분 동안 멍하게 있어보세요.
6. 근처에 있는 물건까지 몇 발자국 만에 갈 수 있는지 해보세요. 그런 다음 자리에 돌아와서 눈을 감고 그 발자국만큼 가보세요.
7. 눈을 감고 머리에서부터 발끝까지 파도가 쳐서 내려간다고 생각하세요.
8. 컵에다 물을 받아 마셔보세요. 정확히 30번에 나눠 찔끔찔끔 마시는 겁니다.

9. 눈을 감고 아무 노래나 속으로 불러보세요.

10. 눈을 감고 가장 신났던 때를 생각하세요. 꼭 눈을 감아야 합니다.

11. 일어서서 할 수 있을 때까지 발끝으로 서 있어보세요.

12. 깊게 숨을 들이마시고 다시 숨을 들이마십니다.

13. 동전을 세워보세요.(스트레스를 받는 사람이 있을 수도 있음)

14. 60초간 뚫어지게 눈도 깜박이지 않고 한 물건을 바라보다가 눈을 감으세요. 그리고 감은 눈으로 다시 그 물건을 보세요.

15. 사탕이 있으면 60초간 물고 단맛을 느끼다가 뱉어버리세요. 아깝다고 생각하지 마세요.

16. 당신이 최고라고 생각하는 영화 제목을 5개 적어보세요.

17. 종이비행기를 접어서 창밖으로 날려보세요.

18. 신발도 벗고 양말도 벗고 발가락을 꼼지락거립니다.

19. 10회 팔굽혀펴기를 해보세요.

20. 손발을 들어 로봇 흉내를 냅니다.

'귀찮아'의 숨은 의미

　　"귀찮아서 운동도 하기 싫고 주말에는 소파에 누워만 있게 돼요." "괜히 그딴 것 해봐야 뭐해요, 귀찮기만 하지." 이렇게 우리는 귀찮다는 말을 자주 합니다. 심신이 노곤해지면 더 자주 하게 되지요. 그런데 귀찮다고 말하는 사람들의 모습을 찬찬히 들여다보면 단지 지치고 피곤한 게 아니라는 것을 알 수 있습니다.

　　가장 안타까운 사례는 귀찮다는 말로 자신의 불안을 극복해낸 것처럼 착각하는 겁니다. 불안한 마음이 커지면 안전하고 확실한 곳에만 머물고 싶어집니다. 예를 들어 공황 장애 환자들은 '혼자 운전하고 가다가 무슨 일이라도 생기면 어쩌지?'

하는 두려움 때문에 아예 운전을 하지 않으려 합니다. 나중에는 "집에 있으면 이렇게 편한데 귀찮게 밖에 나갈 필요가 뭐 있어"라며 불안한 마음을 스스로 해결한 듯한 착각에 빠집니다. 귀찮다는 말로 불안을 극복하려는 시도조차 하지 않는 겁니다. 이렇게 하면 불안은 사라지지 않습니다.

귀찮다는 말은 종종 회피의 수단으로 활용됩니다. 새로운 도전, 평소에 해보지 않았던 경험, 익숙하지 않은 것을 배우는 것, 낯선 사람과의 대화에는 불확실성과 불편함이 따라오게 마련입니다. 예상치 못한 일이 생겨 곤란에 처할 수도 있습니다. 하지만 불확실성에는 사람을 즐겁고 행복하게 만드는 속성이 함께 녹아 있습니다. 확실하고 안전한 것만 추구하다보면 권태와 무의미가 따라옵니다.

우리는 삶이 확실하고 견고하기를 바랍니다. 변하지 않는 상황 속에 머물러 있기를 바랍니다. 하지만 현실은 그렇지 않죠. 삶은 예측 불허입니다. 불확실성을 받아들일 줄 알아야 스트레스를 견뎌낼 수 있습니다. 귀찮다며 확실한 것에만 자신을 묶어두면 인생에 따르는 고통에 더 약해질 수밖에 없습니다.

우리는 쉽게 포기해버리는 자신을 귀찮다는 말로 정당화하곤 합니다. 용기 내기를 거부하기도 합니다. "괜히 비행기 탔다가 공황발작이라도 생기면 어떡해요. 그냥 집에 있을래요."라며 공황 장애 환자는 불안에 굴복합니다. "화나고 서운했던 마음을 남편에게 표현했다가 괜히 싸움이라도 나면 더 힘들 것 같아요"라고 평생을 참고 산 아내가 스스로를 억압해버립니다. "새로운 걸 배우려 해도 못 따라가서 창피당할까 봐 싫어요"라며 도전을 거부하고 "살던 대로 살아야지, 이 나이에 뭘 새로 해요"하며 세월의 흐름에 자기를 눌러 앉힙니다. 이 모두는 용기가 빛을 내려는 순간 귀찮다는 말로 그 불을 꺼버리는 것과 같습니다.

마음에서 솟아나는 용기를 억누르면 자신의 잠재력을 발휘하지 못했다는 '내재적 죄책감Intrinsic guilty'에 시달리게 됩니다. 세월이 흐르면서 인생에 더 이상 새로운 기회가 오지 않을 거란 것을 깨닫고 절망하게 됩니다.

'산다는 것은 호흡하는 것이 아니다. 행동하는 것이다.' 철학자 루소가 말했지요. 우리는 경계를 넘어서서 낯선 영역을 탐색할 때 진정으로 살아있음을 느끼는 법입니다.

귀차니즘을 물리치는 에너지는 몸을 움직여야 생깁니다. 처음에는 하기 싫어도 자꾸 하다 보면 좋아지게 마련입니다. 약속이 없어도 아침에 일어나 제대로 옷을 입고 가벼운 화장이라도 하는 것이 양치질만 대충 하고 잠옷 차림으로 집에 있는 것보다 의욕을 살아나게 합니다.

휴일에 집에서 쉬려고만 하지 마세요. 여행을 왔다고 상상하며 지금 살고 있는 동네의 작은 골목들을 헤집고 다녀보세요. 음악을 좋아한다면 훌륭한 연주를 찾아 듣고 미술을 좋아한다면 갤러리로 투어를 떠나세요. 귀찮음에 굴복하지 말고 몸을 움직여야 합니다. 그래야 귀찮음 속에 숨겨진 불안이 사라집니다. 그래야 세상을 살아갈 용기가 활활 타오릅니다.

귀찮음을 이길 정서 능력을 키우는 방법을 소개합니다.

1. 일기를 쓰세요. 규칙적으로 내 생각이나 느낌을 쓰는 건 몇 시간 동안 심리 치료를 받는 것만큼이나 좋습니다.
2. 정서적 어휘를 늘려보세요. 많은 이들이 감정을 느끼는 데 힘들어하는데 이는 감정을 못 느끼는 게 아니라 그것을 표현하는 어휘를 갖고 있지 않은 것입니다.
3. 나의 감정을 주기적으로 돌아보세요. 우리는 너무 바빠서 감정을 귀찮아합니다. 감정을 돌아보기 위해서는 매일 규칙적인 시간을 내야 합니다. 그렇다고 고통스런 감정을 곱씹으라는 뜻은 아닙니다. 즐거움, 만족, 흥미로움 같은 감정을 돌아보세요. 긍정적인 감정을 기르면 부정적인 감정을 되돌릴 수 있습니다.
4. 정서적으로 현명한 친구와 많은 시간을 보내세요. 서로의 정서적 성숙을 도와야 합니다.

5. 당신이 매우 정직하고 솔직해질 수 있는 지지 집단을 만드세요. 당신을 잘 알고 이해하는 사람들이 있다면 그곳에서 정서적 지능을 높이는 방법을 배울 수 있습니다.

결정 장애인가, 결정 피로인가

많은 사람들이 결정 장애로 고민을 토로합니다. 결정은 원래 어려운 겁니다. 결정할 때 고민되고 신경 쓰이고 불안해지는 것은 지극히 정상적인 반응이지요. 결정 불안의 이면에는 숨겨진 위험을 알아차리고 그것에 대비하려는 인간의 생존 본능이 숨겨져 있습니다. 그러니 결정 스트레스를 느낀다는 것은 그만큼 자신이 신중한 사람이라는 뜻도 됩니다.

인지행동치료 전문가들은 결정 장애를 호소하는 사람들에게 A라는 결정의 이익과 손실 그리고 B라는 결정의 이익과 손실을 나란히 써보면 도움이 된다고 조언하는데요. 사실 현실에서 이런 접근은 실효성이 떨어집니다. 결정할 때 스트레스를 느낀다는 것은 자신이 A라고 결정하든 B라고 결정하든 그 이익과 손실이 50대 50이라는 것을 이미 직감적으로 인식한 것이니까요. 그것을 굳이 종이에 옮겨 적어 봐야 50대 50이라는 것을 또다시 확인하게 될 뿐입니다. 사실 결단하기 어려운 문제는 어떤 결정을 내려도 이익과 손실이 반반이니 무엇을 선택해도 대세에는 큰 지장이 없다는 뜻이기도 하거든요.

결정 스트레스에 시달리고 있다면 자기 자신에게 물어봐야 합니다. "내 마음이 불안해서 결정에 따르는 위험을 더 위협적으로 인식하고 있는 것은 아닌가?" 하고 말입니다. 우리의 이성적 판단은 감정에 의해 쉽게 왜곡됩니다. 기분과 일치하는 방향으로 편향됩니다. 불안할 때는 위험 요소에만 선택적으로 주의를 기울이게 되지요. 그래서 현명한 판단을 내리기 어려워집니다.

또한 자신이 너무 지쳐 있어서 '결정 피로Decision fatigue' 상태인 것은 아닌지도 점검해봐야 합니다. 컬럼비아비즈니스스쿨의 조너선 레바브Jonathan Levav교수는 이스라엘에서 가석방 전담 판사들을 대상으로 10개월 동안 결정 피로가 현실에서 어떤 파급력을 갖는지 연구했는데요. 놀라운 사실을 알게 됐습니다.

평균 경력 22년인 판사들은 평균 6분에 한 건씩 가석방 승인 여부를 결정했는데 이들이 내린 평균 가석방 승인율은 35퍼센트였습니다. 그런데 가석방 승인율이 하루 중 식사 시간과 휴식 시간에 맞물릴 때는 현저한 차이를 보였다는 겁니다. 점심식사를 한 직후에는 승인율이 65퍼센트로 높았지만 판사들이 중간에 휴식을 취하며 간식을 먹기 직전에는 죄수가 가석방을 받을 확률이 15퍼센트에 불과했습니다. 또 점심 식사 전에는 거의 0퍼센트로 떨어졌습니다.

피곤하고 배고픈 판사는 가석방 요청을 쉽게 거부해버린 겁니다. 피로하고 허기질 때는 마음을 열어놓고 다른 가능성을 고려하기보다는 위험 부담을 줄이려는 경향이 커집니다. 배고프고 지친 판사들의 가석방 승인율이 급격하게 떨어진 것도 바로 이런 이유 때문이었지요.

아무리 훈련된 전문가라도 몸이 지치고 힘들어지면 의사결정 방향도 그들의 의지와 상관없이 변합니다. 그러니 자신이 지금 결정 스트레스를 느낀다면 "내가 지금 사는 것이 지치고 힘들어서 그런 것은 아닌가?" 물어봐야 합니다. 결정 장애가 아니라 마음속에서 지금 쉬어야 한다고 말하는 것일 수도 있으니까요.

어떤 결정을 내리든 장단점은 동시에 있으며 이성적으로 한쪽을 명확히 우위에 두기가 어렵습니다. 이때는 오히려 마

음의 용기가 도움이 됩니다. 무모해 보여도 나를 믿고 한 걸음
을 멋지게 뗄 용기도 필요한 법입니다.

스트레스성 폭식주의보

온종일 직장에서 시달린 날 밤에는 유난히 치킨이 먹고 싶어지는 경험, 한 번쯤 해봤을 겁니다. 애인과 다툰 날 밤에는 이상하게 달콤한 초콜릿이나 케이크가 당기지요. 스트레스 받고 우울한 날에는 매운 떡볶이 생각이 간절해지고요. 모두 감정적 스트레스를 먹는 것으로 보상하려는 충동에서 비롯된 겁니다.

보상 심리로 하루 이틀 야식을 과하게 먹는 정도가 아니라 습관적으로 반복된다면 '야식 증후군Night eating syndrome'을 의심해봐야 합니다. 하루 전체 칼로리의 25퍼센트 이상을 저녁 식사 이후에 섭취하고 일주일에 두 번 이상 자다 깨서 음식을 먹는다면 이 증상에 해당합니다. 이런 환자는 아침에 식욕이 없고 밤이 되면 먹고 싶은 충동이 강해집니다. 비만 환자의 10퍼센트 정도가 야식 증후군을 갖고 있지요.

진짜 허기와 감정적 허기를 구분할 수 있어야 합니다. 급한 업무 때문에 점심 식사를 못 했는데 저녁 식사마저 간식으로 대충 때우고 야근을 했다면 허기를 느낄 수밖에 없습니다. 이건 정상적인 진짜 허기입니다. 이럴 때는 야식이 필요합니다. 하지만 감정적 허기는 다릅니다. 갑자기 솟구치듯 식욕이 생기고 달고 맵고 짠 것 등 자극적인 음식을 찾게 됩니다. 충분히 먹어도 포만감이 느껴지지 않고 죄책감이 따라온다면 이건 감정적 허기에 굴복당했다는 증거입니다.

브로콜리 테스트를 해보면 감정적 허기와 정상적인 허기를 구분할 수 있습니다. 허기가 느껴질 때 '나는 지금 배가 너무 고파서 브로콜리라도 먹겠다'라는 물음에 그렇다고 답할 수 있다면 육체적 허기입니다. 그런데 만약 아니라고 대답한다면 그건 감정적 허기입니다.

감정적 허기를 무조건 참으라는 건 아닙니다. 건강한 음식으로 달래주면 좋습니다. 제가 추천하는 방법은 바나나, 사과즙, 견과류를 순차적으로 먹는 겁니다. 처음에는 잘게 잘라진 바나나를 천천히 음미하면서 먹습니다. 그러고 나서 5분을 기다립니다. 이렇게 해도 허기가 가라앉지 않으면 사과즙을 먹습니다. 다시 5분을 기다립니다. 그래도 참을 수 없다면 견과류를 먹습니다. 몸에 부담이 되지 않으면서 포만감을 주는 오이, 당근, 토마토 같은 채소를 이런 방식으로 먹어도 됩니다.

평소에 '마음 챙김 식사Mindfulness eating'를 하도록 노력해봅니다. 저녁 식탁에 올라온 반찬과 찌개를 주의 깊게 관찰하세요. 모락모락 피어나는 찌개의 냄새를 음미해보세요. 집집마다 향기도 색깔도 맛도 다 다를 겁니다. 그리고 입안에 찌개를 한입 떠 담고 그 속에 담긴 여러 가지 맛 하나하나에 주의를 기울입니다. 지금 느끼는 맛이 어디서 왔을까, 머릿속으로 그려보는 것이지요. 이렇게 순간의 경험에 집중하면서 식사를 하는 겁니다. 이런 식사 습관을 들이면 마음은 충만해지고 감정적 허기는 점점 사라지게 됩니다.

단 30분만이라도 핸드폰과 텔레비전을 끄고 온전히 식사 시간에만 집중해야 합니다. 매우 화가 난 상태거나 지나치게 스트레스를 받을 때는 잠시 음식을 멀리하는 것도 좋습니다. 이런 감정과 먹는 것이 연결되기 시작하면 화날 때마다 먹는 것이 생각납니다. 격한 식욕과 격한 감정은 하나씩만 생겨도 감당하기 어려운데 이 두 개가 연결되면 의지로 억제하기가 정말 어렵습니다.

야식 증후군 환자는 아침 식사를 하지 않고 식사 시간도 들쭉날쭉 불규칙합니다. 잠자리에 드는 시간이 늦습니다. 밤이 되면 멍하니 소파에 누워 텔레비전을 보면 시간을 때우는 경우가 많습니다. 이렇게 생활하면 밤마다 먹고자 하는 충동이 강해질 수밖에 없습니다. 아침 식사를 챙겨 먹고 정해진 시간에 자고 정신적으로 몰입할 수 있는 활동에 적극적으로 참여하는 것. 기본을 지킬 때 우리의 삶은 건강해집니다.

혼자서도 쉽게 활용할 수 있는 기법 하나를 소개합니다. ETF, 감정자유기법Emotion Freedom Technique이라고 불리는 치료법입니다. 신체의 특정 부위를 두들겨서 부정적 기억과 감정으로부터 자유롭게 만드는 기법입니다. 손가락으로 우리의 몸의 몇 몇 부위를 두드려 주면 신체의 에너지 흐름이 원활해진다고 합니다. 신체 에너지 시스템이 원활하게 흐르면 부정적 정서로부터 자유로워진다는 것이지요. 불쾌한 기억이나 느낌이 떠오를 때 이 기법을 활용해보세요. 스트레스 받을 때마다 먹고 싶은 충동을 달래기 어려울 때 써 봐도 좋습니다.

불쾌한 정서와 기억, 충동이 든다면 '나는 비록 스트레스 받지만(혹은 우울하지만, 혹은 먹고 싶지만 등) 나 자신을 마음속 깊이 진심으로 받아들입니다.' 하고 읊조립니다. 이 말을 반복하면서, 미간, 눈 가장자리, 인중, 턱, 가슴 중앙, 갈비뼈 아래쪽,

그리고 새끼손가락 아래쪽의 손날을 차례로 검지와 중지로 세 번씩 두들깁니다. 불쾌한 느낌이 충분히 가라앉을 때까지 반복합니다. 점차 충동은 감소하고 마음은 점점 편안해질 겁니다.

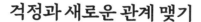

걱정과 새로운 관계 맺기

세상에서 가장 하기 힘든 일은 무엇일까요? 생각을 바꾸는 일이라고 생각합니다. 특히 걱정을 긍정적 생각으로 바꾸는 것은 거의 불가능에 가깝습니다.

인간은 걱정하는 존재입니다. 우리 뇌는 미래에 있을지도 모를 위험에 대비하도록 최적화되어 있습니다. 걱정을 완전히 없애겠다는 것은 뇌의 작동을 멈추겠다는 것과 다를 바 없습니다. 그러니 걱정을 몰아내기 위한 싸움의 결과는 언제나 패배일 수밖에 없습니다.

걱정을 하지 않겠다고 다짐하기보다는 우리가 인간인 이상 걱정하는 존재일 수밖에 없다는 사실을 인정해야 합니다. 괴롭더라도 걱정을 받아들이는 것. 이것이 걱정에서 벗어나는 첫 번째 단계입니다.

때론 역설적인 접근을 시도해보는 것도 좋습니다. '걱정하지 않겠다'가 아니라 '걱정에 더 집중해보겠다'고 마음먹는 것이지요. 이렇게 하면 오히려 걱정은 줄어듭니다. "지금 걱정하고 있는 것에 대해 더 깊이 집중해서 고민해보세요. 실컷 더 걱정하세요"라고 하면 처음에는 덜컥 겁을 내지만 나중에는 "그런 부질없는 생각을 더 하는 게 무슨 소용이 있겠어"라며 스스로 힘을 빼게 됩니다.

걱정은 회피하는 것보다 그것에 직면했을 때 그 강도가 줄어듭니다. 공포영화를 지루하게 느낄 때까지 반복해서 보는 것과 비슷합니다. 공포영화가 더 이상 자신을 놀라게 할 수 없을 때까지 말이지요.

또 다른 역설적 접근법은 하루에 10분 정도 '걱정 시간Worry time'을 따로 정해두는 것입니다. 저녁 시간에 조용한 서재에서 (침실은 피하는 것이 좋습니다) 10분 동안 집중적으로 걱정을 하는 겁니다. 나머지 시간 동안에는 걱정을 미뤄둡니다. 낮에 걱정이 떠올라도 파고들지 말고 걱정을 모아둔다는 마음으로 내버려두는 겁니다. 막상 걱정 시간이 되어서 10분 동안 실컷 고민해보라고 하면 거의 대부분 1, 2분 정도 하다가 그만둡니다.

계속 걱정해봐야 달라질 것도 없고 괴롭기만 하다는 것을 깨닫는 것이지요.

또 다른 방법은 자신을 걱정에 더 적극적으로 노출시키는 겁니다. 걱정하는 것을 글로 적어 두고 그것을 소리 내서 읽어 보세요. 꼭 소리 내서 읽어야 합니다. 적어도 20번은 반복해야 합니다. 처음에는 불안이 커지는 것 같겠지만 걱정을 소리 내서 말하다 보면 괴로움이 점점 줄어드는 것을 느끼게 됩니다.

걱정을 무조건 없애려고 하기보다는 걱정과 새로운 관계를 맺어보겠다고 생각하세요. 걱정을 두려워하거나 불쾌하게 여기지 않고 친해지겠다고 말이지요. 이쯤 되면 걱정은 걱정일 뿐이고 최악의 경우라 해도 나는 잘 살아갈 수 있다는 자신감도 따라옵니다.

그런데 이렇게 다양한 방식을 시도해봤는데도 걱정에서 벗어날 수 없다면 그건 진짜 해결해야 할 문제를 회피하고 있을 가능성이 큽니다. 해결해야 할 일을 미뤄두고 있기 때문에 걱정에서 못 벗어나는 것이지요. 현실의 문제를 회피하려 들지 말고 행동하자고 스스로 결심할 수 있어야 걱정도 사라집니다.

다중 인격의 멘탈은 건강하다

　　드라마나 영화 캐릭터 중 다중 인격 장애를 겪는 인물이 간혹 나옵니다. 과하게 느껴지는 다중 인격 장애라는 정신 질환 명칭이 아니더라도 사실 인간은 누구나 모순적이고 이질적인 여러 인격 요소들을 갖고 있습니다.

　　머리부터 발끝까지 한결같은 사람은 세상에 없습니다. 오히려 자기 개념Self concept이 다양하고 이질적일수록, 심지어 모순적일수록 정신적으로 더 건강한 사람입니다. 여러 연구를 통해서 자기 복잡성Self complexity이 큰 사람일수록 스트레스도 덜 받고 회복탄력성도 좋고 우울증에도 잘 걸리지 않는다고 확인되었습니다.

자기 자신에 대한 주관적인 평가와 인식을 자기 개념이라고 합니다. '나는 누구인가, 나는 어떤 일을 잘하고 가족과 사회에서의 역할을 무엇인가?'와 같은 물음에 어떻게 답하느냐에 따라 그 사람이 가진 자기 개념을 알 수 있습니다. '나는 정의롭다. 나는 따뜻하고 친절한 사람이다. 나는 훌륭한 회사원이다. 나는 요리를 잘한다. 나는 좋은 아빠다.'처럼 자기의 특성을 어떻게 규정하고 역할과 능력을 어떻게 인식하고 있으며 그것에 대해 긍정적 혹은 부정적으로 평가하는지에 따라서 사람마다 서로 다른 자기 개념이 형성됩니다.

자기 개념이 다양하고 복잡한 정도를 자기 복잡성이라고 합니다. 자기 개념을 구성하는 요소가 많고 각각의 자기 개념 간에 경계가 분명해서 서로 영향을 적게 미칠수록 자기 복잡성이 높다고 합니다. 어떤 여성이 누군가의 아내이고 엄마이기도 하지만 전문적인 공부를 하고 있으면 그녀의 자기 개념에는 엄마 외에도 학생이 하나 더 추가됩니다. 또한 봉사 활동을 하고 친구를 만나고 동호회 회장으로도 활동한다면 자기 복잡성은 더 커집니다. 반대로 자기를 구성하는 측면이 단조로울 뿐만 아니라 서로 중첩되어 있으면 자기 복합성은 낮아집니다.

저 또한 병원에서 여러 가지 문제로 고민과 스트레스가 많습니다. 그래도 그럭저럭 버텨낼 수 있는 것은 '정신건강의학과 전문의'라는 정체성에만 저를 묶어두지 않으려고 애쓰기 때문입니다.

퇴근 후 일렉트릭 기타 연주를 할 때는 록스타가 되기도 하고 주말에 스쿼시 시합을 할 때는 프로 선수가 되어 미친 듯이 코트를 뛰어다닙니다. 친구들을 만나면 다른 사람 이야기 들어주는 의사가 아니라 여성 호르몬이 충만한 아줌마가 되어 열심히 수다를 떱니다.

권태로운 삶에도 다중 인격적 생활이 도움이 됩니다. 얼마 전 인생에 낙이 없다며 한숨짓던 어느 여성의 이야기를 들었습니다. 직장생활도 10년이 다 되어가고 결혼하고 아이도 낳아 어느 정도 키우고 나니 삶이 지루하다고 했습니다. 집도 회사도 안정적인 만큼 모든 것이 반복적이고 익숙해져서 일도 지겹고 어울리는 사람들도 빤해서 감흥이 없다고 했습니다.

한 직장에서 10년을 일했으면 지겨울 만합니다. 그러나 지금이라도 늦지 않았습니다. 충분히 자기 복잡성을 키울 수 있습니다. 나라는 사람을 더 다층적이고 복잡하게 만들어야 합니다. 물론 처음에는 어색합니다. 하고 싶은 마음이 그렇게까지는 안 생긴다고 망설입니다. 하지만 하고 싶은 마음도 일부러 몸을 움직인 뒤에 따라오는 겁니다. 저절로 생기지는 않아요. 일단 뭐든지 저지르고 보세요. 부딪히고 경험하다 보면 지금까지 숨어 있던 또 다른 자기 모습이 하나둘씩 드러나면서 삶의 활력도 되찾게 됩니다. 한 가지가 아니라 삶의 여러 요소로부터 끊임없이 자기를 살찌우는 힘과 용기를 만들어내야 마음 건강도 지킬 수 있습니다.

은퇴 증후군 극복하기

　　은퇴 후 겪는 스트레스는 사람마다 다릅니다. 어떤 사람은 살점이 떨어져 나가는 것 같다고 표현하고 어떤 사람은 투명 인간이 된 것 같다고 합니다. 이런 이야기를 들으면서 은퇴 후 스트레스란 살아 있지만 존재하지 않는 느낌이 아닌가 하는 생각이 듭니다.

　은퇴가 가볍게 지나가면 다행이지만 은퇴 후 스트레스가 심해지면 가벼운 불면증이나 무력감을 느끼는 건 흔하고 치료가 필요한 우울증이 생기기도 합니다. 사소한 일에 예민해지고 짜증이 나며 분노 조절이 잘 되지 않습니다. 극단적인 경우는 삶의 의미를 상실해버립니다. 모든 것이 무의미하다고 느껴집니다.

무력감, 허무함에 빠지기도 합니다.

이런 부정적인 정서에서 벗어나려고 충동적인 행동을 보이기도 합니다. 평소 모습과는 완전히 다른 극단적인 언행을 보이기도 합니다. 이런 행동은 감정적인 혼란에서 도피하고자 하는 심리에서 비롯된 것입니다.

자신을 회사나 일과 동일시하고 살아왔거나 직장 내 직급으로 자신의 존재감을 유지하며 살아왔던 사람은 은퇴 후에 자기 정체성의 혼란을 겪게 됩니다. '명함 없이 자신을 설명하지 못하는 사람'은 은퇴 이후 심리적 충격이 클 수밖에 없습니다.

은퇴 증후군은 누구나 겪게 되는 상실 반응입니다. 일시적인 정체성의 혼란이나 감정 변화는 당연한 반응입니다. 하지만 시간이 흘러도 가라앉지 않고 심해지며 가족이나 대인관계에서 불화로 이어진다면 그것은 문제로 인식해야 합니다.

은퇴 증후군을 슬기롭게 넘기기 위해서는 다음의 세 가지 원칙을 잘 지켜야 합니다.

첫 번째, 직장 생활에 맞춰져 있던 삶의 리듬을 새로 맞춰야 합니다. 삶의 시계를 다시 맞춰야 한다는 뜻이죠. 나름대로 생활 리듬을 새롭게 짜보세요. 은퇴했지만 마치 직장 생활을 유지하고 있는 듯 일정한 생활 리듬과 신체 활동을 유지해야 합니다. 은퇴했다고 집에만 있거나 수면 리듬이 불규칙해지거나 식사를 거르거나 하면 은퇴 증후군은 더 오래가고 삶의 활력은 사라집니다.

두 번째로 새로운 경험에 대한 개방성을 키워야 합니다. 직장 생활을 할 때의 사고방식이나 행동을 그대로 답습해서는 안 됩니다. 새로운 것, 익숙하지 않은 것에 자신을 열어놓아야 합니다. 지금까지는 직장 생활을 통해서 나라는 사람을 느껴왔다면 이제부터는 소소한 일상에서 감동을 느낄 수 있도록 모든 감각을 열어놓아야 합니다.

'이런 걸 어떻게 해' '체면이 있지'라는 식으로 자기 자신을 닫아버리면 삶은 점점 위축됩니다. 어차피 삶은 경험을 쌓아나가는 것입니다. 어떤 경험이든 그 자체로 의미가 있습니다.

세 번째, 라이프 내러티브 즉 삶의 서사를 새로 써야 합니다. 지금까지 살아온 인생의 역사를 정리하고 새롭게 의미를 부여하는 작업이 필요합니다. '나는 성실한 사람' '나는 최선을 다한 사람'이라고 스스로에게 가치를 부여해주어야 합니다.

그렇게 할 수 있다면 은퇴 이후에도 더 건강해질 수 있습니다. 트라우마를 겪더라도 그 경험을 인생이라는 큰 그림 속에 통합시켜 의미 있는 내러티브로 풀어낸다면 더 성숙한 자아를 갖게 됩니다. 그리고 비로소 은퇴가 인생의 큰 전환점이 됩니다. 새로운 기회, 또 다른 나를 찾기 위한 기회가 될 수 있습니다.

등산을 해본 사람이라면 산을 오를 때 눈에 띄지 않던 꽃들이, 산을 내려갈 때 오히려 선명하게 눈에 들어오는 경험을 했을 겁니다. 젊은 시절에는 힘겹게 위를 향해 걷느라 놓치고 살았던 것들이, 삶의 지향이 바뀌는 중년이 되면서 비로소 마음에 들어오게 되는 것이죠.

은퇴 후 삶은 자기 삶의 의미를 새롭게 부여하는 시기입니다. 사회적 성공이나 경제적 부 등 세속적인 성취를 했느냐가 아니라 '내 삶은 어떤 의미가 있나, 그리고 앞으로는 남은 시간 동안 나는 무엇을 해야 하는가'라는 질문에 답을 해야 하는 시기인 것이지요.

젊다는 것은 아직 가슴 아플 일이 많이 남아 있다는 것이기도 합니다. 그리고 그것을 아직 두려워 한다는 것입니다. 은퇴한 지금이 두렵다면 당신에게는 아직 해야 할 일이 많다는 뜻입니다. 그리고 여전히 젊음을 가슴에 간직하고 있다는 뜻이기도 하고요.

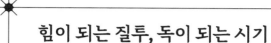

힘이 되는 질투, 독이 되는 시기

몇 년 전 재밌게 본 드라마 〈또 오해영〉을 보면, 주인공 오해영이 화장실 변기 위에서 가부좌를 틀고 앉아 혼잣말을 하는 장면이 나옵니다. 슬픈 웃음이 터져 나오는 장면이지요.

"나는 쪽팔리지 않습니다. 사랑은 쪽팔려 하지 않습니다. 더 많이 사랑하는 건 자랑스러운 겁니다. 나는 자랑스럽습니다."

사랑 말고도 삶에서 중요한 무언가를 위해 괴로움을 참고 견뎌야 했을 때 이렇게 읊조린 사람들이 적지 않을 겁니다. 평범한 사람은 자기 최면을 아무리 걸어도 불쾌한 감정이 쉽게 사라지지 않지요. 역시나 오해영도 "개뿔, 망신, 개망신!" 하며 끝내 울음을 터뜨리고 말더군요.

창피함, 부끄러움, 질투처럼 겉으로 드러내면 지질해 보이는 감정을 주인공이 솔직하게 표현하고 있어서 〈또 오해영〉이 인기가 많았던 것 같습니다. 지질해 보이는 감정 중 특히 우리는 질투심을 더욱 숨기려 합니다. 질투 때문에 이러는 게 아니라고 굳이 변명까지 하면서요. 하지만 질투를 느끼지 않는 사람이 어디 있을까요. '사람은 배고픈 건 참아도 배 아픈 건 못 참는다'는 말이 있을 정도인데 말입니다.

질투는 인류학적으로 볼 때 아주 오래전부터 발달해온 본질적 감정입니다. 인간뿐만 아니라 꼬리감는원숭이 같은 영장류도 질투를 느낍니다. 그러니 자신은 질투 같은 건 안 느낀다고 말하는 사람은 마음에 대해 무지한 바보이거나 거짓말쟁이일 뿐입니다.

우리는 질투를 나쁜 감정으로 취급하는데 이건 잘못된 겁니다. '네가 할 수 있는 건 나도 할 수 있어!'라는 마음이 우리를 앞으로 움직이게 만든다는 것은 누구도 부인할 수 없는 사실입니다. 질투란 자신의 운명을 더 나은 방향으로 끌고 가는 힘입니다. 질투를 느끼기 때문에 더 노력하게 되고 더 나아지려고 행동하니까요. 시인 기형도 역시 '질투는 나의 힘'이라고 노래했지요.

다만 질투와 시기심은 구분해야 합니다. 질투는 내가 갖지 못한 것을 갖기 위해 노력하게 만듭니다. 갖고 싶다고 욕망하게 만들어서 나를 움직이게 만듭니다. 하지만 시기심은 다릅니다. 시기심은 내가 갖고 있는데도 더 갖고 싶은 마음입니다. 남의 것이 탐이 나서 뺏으려고 하면 시기심입니다. 시기심은 내가 원하는 걸 갖고 있는 사람을 파괴하려고 나쁜 평판을 퍼뜨리게 만들고 그가 이루고자 하는 걸 못 이루도록 폭력을 휘두르게 만듭니다.

'어떻게 후배를, 어떻게 친구를 질투할까. 내가 초라하고 한심하게 느껴진다'며 자조 섞인 생각을 할 수도 있겠지만 질투의 속성이 원래 그런 겁니다. 인간은 도달할 수 없는 대상은 질투하지 않습니다. 질투란 도달 가능하다고 여기는 사람에 대해서만 느끼는 감정이거든요. 그래서 질투의 대상은 항상 옆에 있는 사람이게 마련입니다. 같은 부서의 예쁜 후배에게 사람들의 관심이 쏠린다면 질투가 나지만 〈또 오해영〉의 주인공 서현진 배우가 인기 많다고 질투하지 않는 것처럼요.

질투라는 감정을 받아들여야 합니다. 그리고 질투를 자기 인식의 수단으로 활용할 수 있어야 합니다. 질투를 느끼는 것은 내가 욕망하는 것이 내가 질투하는 사람의 속성에 포함되어 있기 때문입니다. 무엇 때문에 질투하고 있는지를 정확히 알면 내가 삶에서 진정으로 원하는 것이 무엇인지 깨닫는 데

도움이 됩니다.

하지만 질투를 수용한다는 것은 말처럼 쉬운 일이 아닙니다. 질투를 느끼면 괴롭습니다. 자신이 초라하게 느껴지고 자기를 미워하게 되기도 합니다. 그럴 때는 〈또 오해영〉의 오해영이 했던 이 대사를 떠올려보세요.

"만약 내가 완전히 사라지고 그 사람이 될 수 있다면, 만약 그런 기회가 온다면, 난 그 사람이 되기로 선택할까? 안 하겠더라고요. 난 내가 여기서 조금만 더 괜찮아지길 바랐던 거지, 그 사람이 되길 원한 건 아니었어요."

누가 뭐라고 해도 가장 소중한 것은 언제나 나 자신입니다.

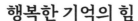

행복한 기억의 힘

나의 정체성은 내 기억의 결과물입니다. 행복한 기억이 쌓여 나를 행복한 사람으로 만드는 것이죠. 과거의 성취경험, 행복했던 순간, 아름다운 추억의 기억들이 모이면 나는 긍정적인 사람이 됩니다. 스트레스로 우울하고 무기력해진다면 행복했던 순간을 영화처럼 리플레이해보세요. 지금 그 장면을 다시 보고 있는 것처럼 생생하게 떠올려보세요.

"지금 당장 스트레스받고 힘든데 한가하게 옛 추억에 빠져 있으란 말이에요?"라고 의아하게 여길 수도 있습니다. 하지만 짜증스럽고 언짢은 감정에 휩싸여 있을 때 의도적으로 노력하지 않으면 자동적으로 부정적인 과거 기억만 새록새록 떠오릅니다. 우울한 상태에서는 우울한 기억만 떠오르고 불안한 상태에서는 불안한 생각만 듭니다. 감정은 같은 색깔의 기억만 되살려냅니다.

의도적으로 행복했던 순간을 다시 떠올리면 날이 밝아올 때 안개가 걷히듯 우울한 감정도 서서히 사라집니다. 어떤 기억을 소환하는가에 따라 나라는 사람의 정체성도 달라집니다. 긍정적인 사람은 행복했던 추억과 향수에 젖고 좋았던 자기 모습을 더 많이 간직하며 삽니다. 부정적인 사람은 실수나 실패와 같은 과거의 부정적 경험에 사로잡혀 삽니다. 이런 사람은 후회나 원망에 빠져들기 쉽고 우울증도 잘 걸리죠.

어린 시절 안전하고 편안하고 아늑함을 느꼈던 공간을 떠올려보는 것으로 시작하면 좋습니다. 내가 쓰던 작은 방도 좋고 나만의 비밀 공간도 좋습니다. 그곳에서는 세상이 전부 내 것이었던 것 같은 그런 장소 말이지요. 저는 외할아버지 품에 앉아서 텔레비전을 보던 기억을 지금도 잊을 수가 없는데요. 그때 느꼈던 포근한 느낌은 아직도 생생합니다. 그때의 기억에 잠기면 지금도 할아버지 냄새가 나는 것 같고 따뜻한 품 안의 온기도 다시 느낄 수 있습니다. 그 기억을 회상하면 '행복한 세상에서 나는 안전하다'라는 느낌이 전해집니다.

행복했던 순간에 나를 사랑했던 사람이 나에게 뭐라고 말했는지 떠올리면 더 좋습니다. 나를 믿어주고 격려해주었던 사람들, 같이 있으면 행복한 사람들과의 추억을 떠올리면 제일 좋습니다. 그 사람이 지금 내 옆에 있다면 나에게 어떤 말을 할까, 하고 생각해보세요. 지금 괴롭고 힘든 문제가 있다면 그 사람이 나에게 어떤 조언을 해줄지 상상해보는 것이죠. 나를 소중하게 생각하는 타인의 눈으로 나를 보면 새로운 가능성이 열리고 감정도 긍정적으로 변합니다. 나에게 중요한 타인이 지금의 나를 어떻게 바라보고 있을까 하고 상상하면 내가 가진 능력과 가능성, 미래에 대한 희망을 새롭게 인식할 수 있습니다.

앨범을 꺼내 보는 것도 좋습니다. 보통 배우자가 밉게 느껴진다면 앨범을 꺼내 보라고 조언하는데요. 신혼여행 사진을 보며 그때 감정을 다시 떠올리면 부정적인 감정이 옅어지니까요. 더 좋은 건 앨범을 사랑하는 사람과 함께 보는 것이고요.

"나는 좋은 기억이 없어요"라고 말하는 사람에게도 마음속에는 반드시 잊지 못할 행복한 경험 한 두 가지씩은 있습니다. 단지 지금의 괴로움 때문에 그 기억이 어둠에 가려져 있을 뿐입니다. 찬찬히 나의 묻어둔 행복한 추억을 되새겨보기 바랍니다.

두 번째 마음공부 :

번아웃,
우선순위가 없는 삶은
나를 배신한다

한국판 직무 소진 평가 척도

해당되는 부분에 표시를 하고 각 항목의 점수를 더해주세요.

탈진	1	직장에서 나는 정신적으로 지친다.
	2	직장에서 내가 하는 모든 일은 상당한 노력이 요구된다.
	3	퇴근 후에 기운을 회복하는 것이 어렵다.
	4	직장에서 나는 체력적으로 지친다.
	5	아침에 일어나면 직장에서 새로운 일과를 시작할 힘이 부족하다.
	6	직장에서 나는 적극적이고 싶지만 왠지 그렇게 하지 못한다.
	7	업무에 열중하면 평소보다 빨리 지친다.
	8	업무가 끝난 후에 나는 정신적으로 지치고 진이 빠진다.
심적 거리	9	나는 내 일에 대한 열정을 찾기 위해 고군분투한다.
	10	직장에서 나는 내가 무엇을 하는지 생각지 않은 채 기계적으로 일한다.
	11	나는 내가 하는 업무가 정말 싫다.
	12	나는 내 일에 관심이 없다.
	13	나는 내 업무가 다른 사람에게 어떠한 의미가 있을지에 대해 냉소적이다.
인지적 조절	14	나는 직장에서 한 가지 일에 집중하기가 힘들다.
	15	나는 직장에서 명료하게 생각하는 것이 힘들다.
	16	나는 직장에서 잘 까먹고 주의가 산만하다.
	17	나는 일할 때 그 일에 집중하기가 힘들다.
	18	나는 직장에서 다른 일에 신경 쓰다가 실수하곤 한다.
정서적 조절	19	직장에서 나는 내 감정을 다스릴 수가 없다.
	20	직장에서 내가 감정적으로 어떻게 반응하는지를 인식하지 못한다.
	21	직장에서 일이 내가 원하는 대로 흘러가지 않을 경우에 짜증이 난다.
	22	직장에서 나는 이유 없이 화가 나거나 슬퍼지곤 한다.
	23	직장에서 나는 본의 아니게 과하게 반응하곤 한다.

총점	0-59	60-70	70-115
	번아웃 아님	번아웃 위험	번아웃 고위험

	전혀 아니다	거의 그렇지않다	가끔 그렇다	종종 그렇다	항상 그렇다
	0 ☐	1 ☐	2 ☐	3 ☐	4 ☐
	0 ☐	1 ☐	2 ☐	3 ☐	4 ☐
	0 ☐	1 ☐	2 ☐	3 ☐	4 ☐
	0 ☐	1 ☐	2 ☐	3 ☐	4 ☐
	0 ☐	1 ☐	2 ☐	3 ☐	4 ☐
	0 ☐	1 ☐	2 ☐	3 ☐	4 ☐
	0 ☐	1 ☐	2 ☐	3 ☐	4 ☐
	0 ☐	1 ☐	2 ☐	3 ☐	4 ☐
	0 ☐	1 ☐	2 ☐	3 ☐	4 ☐
	0 ☐	1 ☐	2 ☐	3 ☐	4 ☐
	0 ☐	1 ☐	2 ☐	3 ☐	4 ☐
	0 ☐	1 ☐	2 ☐	3 ☐	4 ☐
	0 ☐	1 ☐	2 ☐	3 ☐	4 ☐
	0 ☐	1 ☐	2 ☐	3 ☐	4 ☐
	0 ☐	1 ☐	2 ☐	3 ☐	4 ☐
	0 ☐	1 ☐	2 ☐	3 ☐	4 ☐
	0 ☐	1 ☐	2 ☐	3 ☐	4 ☐
	0 ☐	1 ☐	2 ☐	3 ☐	4 ☐
	0 ☐	1 ☐	2 ☐	3 ☐	4 ☐
	0 ☐	1 ☐	2 ☐	3 ☐	4 ☐
	0 ☐	1 ☐	2 ☐	3 ☐	4 ☐
	0 ☐	1 ☐	2 ☐	3 ☐	4 ☐
	0 ☐	1 ☐	2 ☐	3 ☐	4 ☐

아픈 줄도
모르고 살아가는

요즘 어른을 위한
마음공부 _____

번아웃에 빠진 이의 불길한 소망

"출근길에 교통사고 나서 입원이라도 했으면 좋겠어요." 이런 말을 한다고 우울증이라 단정할 순 없겠지만 적어도 정신적 탈진 상태일 가능성은 큽니다. 진료하다 보면 과도한 스트레스로 심신이 지친 환자에게서 비슷한 이야기를 종종 듣습니다. 괴로운데 출근은 해야겠고 고역이지만 일할 수밖에 없는데 차마 자기 입으로는 그만 두겠다고 할 수 없을 때 "사고로 다치면 그나마 쉴 수 있잖아요"라고 하는 겁니다. 그렇다고 그들이 적극적으로 사고를 진짜 원한다는 뜻은 아닙니다. 의욕이 바닥나고 기쁨은 사라졌는데 잠시도 쉴 틈이 없다는 절박함의 다른 표현이겠죠.

탈진 증후군은 일로 인한 스트레스가 오래 쌓여 극심한 피로 상태에 이른 것을 말합니다. 보통 '번아웃 되었다'고 일컫는 경우입니다. 마음 에너지가 소진되어 기운이 하나도 없다고 느끼고 금방 끝내던 일을 질질 끌고 제때 마무리 짓지 못합니다. 기억력과 집중력이 떨어져서 평소 안 하던 실수도 잦아집니다. 탈진 증후군에 빠지면 자신과 일, 세상에 대한 태도가 냉소적으로 바뀝니다.

문제는 이런 상황에서 벗어나 기운을 회복할 시간과 장소가 필요한데도 그렇게 할 수 없을 때 생깁니다. 과감하게 사표를 던지고 일터에서 벗어나면 홀가분해질 수도 있지만 대부분의 직장인은 그렇게 못 하지요. 힘들어도 억지로 참습니다. 불의의 사고가 자신에게 생겨서 어쩔 수 없이 일을 못 하게 되어야 비로소 현실에서 벗어날 수 있다고 생각하는 것입니다.

번아웃에 빠진 이들의 평소 모습을 보면 다들 일을 너무 열심히 하고 지나치다 싶을 정도로 타인을 배려하며 갈등 없이 지내려고 애씁니다. 물론 이런 태도가 잘 유지되면 직장 생활에 도움이 되고 자기 마음도 다치지 않게 막아줄 텐데 이게 과하면 문제가 됩니다. 직무 스트레스에 대한 연구 결과들을 종합해봐도 사회적 화합, 규칙 준수, 책임감과 성실성, 목표를 이루려는 강한 열망은 탈진 증후군을 일으키는 원인인 동시에 보호 인자입니다.

퇴근 후에 재충전이라도 하면 좋은데 탈진된 직장인은 집에 가자마자 소파에 누워 유튜브 영상만 멍하니 쳐다봅니다. 손가락 하나 까딱 하기 싫고 옷 갈아입는 것조차 귀찮아서 활기를 되찾으려는 시도조차 못 합니다. 초저녁부터 꾸벅꾸벅 조는데 정작 잘 시간에는 긴장이 풀리지 않아 숙면을 못 취합니다. 자도 자도 피로는 풀리지 않지요. 아침에 눈을 뜨기 싫고 이대로 영원히 잠들어버렸으면, 하고 바랄 겁니다.

증상이 심하지 않다면 자기 관리에 초점을 맞춰보세요. 무턱대고 쉰다고 탈진에서 벗어날 수 있는 건 아닙니다. 퇴근 후 곧장 집으로 가지 말고 회사나 집 근처 공원에서 가볍게 산책하는 겁니다. 새로 생긴 카페에서 카모마일차라도 한 잔 마시고 일터에서 쌓인 긴장을 풀고 집에 가세요. 땀 나게 운동하면 무척 좋은데 이것도 퇴근하고 바로 해야 좋습니다. 일단 집에 들어가면 백발백중 누워서 꼼짝하기 싫어지기 때문이죠.

휴식도 필요하지만 에너지 재충전을 위해선 새로운 자극이 필요합니다. 경험에 대한 개방성은 탈진 증후군의 예방과 치료에 중요한 인자입니다. 마음이 힘들다고 자기계발 유튜브만 주야장천 보지 말고 감성을 채우는 음악을 듣는 게 훨씬 낫다는 뜻입니다. 스트레스에 찌들기 전에 "나는 무엇에 기쁨을 느꼈는가?"를 떠올려보고 그걸 다시 해도 좋겠습니다.

역기능적 완벽주의를 경계하라

회사에서 일을 하다보면 약점이나 고쳐야 할 점들이 먼저 눈에 들어와서 나도 모르게 비판을 할 때가 많습니다. 나쁜 마음을 가져서 그런 게 아니라 일이 잘 진행되기를 바라는 마음에서 그런 것이죠. 그러나 의도와 다르게 사람들은 그런 나를 부정적인 사람으로 생각하기 쉽습니다. 내 입장에서는 속이 상할 수밖에 없습니다. 특히나 요즘처럼 긍정주의가 판을 치는 세상에서 부정적이라는 평가를 받으면 위축되기 십상이죠. '내가 문제가 있나' 하고 스스로에 대해 회의감을 갖게 될 수도 있고요.

새로운 아이디어에 대해 약점이나 고쳐야 할 점들이 자꾸 보이는 것은 인간의 자연스러운 본능입니다. 사람은 안 좋은 것을 고쳐 나가고 약점을 개선하면서 진화해왔기 때문에 본성이 이끄는 대로 놔두면 원래 좋지 않은 것이 먼저 눈에 들어옵니다. 그런데 요즘 세상이 너무 긍정주의만 강조하는 쪽으로 흘러가다 보니 마치 이런 본성이 잘못된 것처럼 여겨지게 되는 폐단이 생겨버렸습니다.

눈을 감고 5분만 아무것도 하지 않고 가만히 앉아 있어보세요. 그리고 마음속에 떠 오르는 생각들을 찬찬히 관찰해보세요. 자연스럽게 떠오르는 생각들이 어떤 내용인가요? 긍정적이고 기분 좋은 내용이 많은가요, 아니면 걱정과 불안, 신경 쓰이는 일처럼 부정적인 내용이 많은가요? 아마 70%는 부정적인 생각일 겁니다.

그렇다면 인간이란 본래 회의적인 생각을 하는 비관주의자일까요? 그렇지 않습니다. 물론 사람은 걱정, 근심, 염려와 같은 부정적 생각을 더 많이 하도록 세팅되어 있습니다. 앞으로 있을지 모르는 위험에 대비하기 위함이죠. 위험을 미리 생각하게 해서, 그것에 대비하려는 회로가 뇌에 프로그램되는 겁니다.

일단은 부정적이라는 평가에 너무 위축되지 않았으면 좋겠습니다. 새로운 아이디어에서 약점과 고칠 점을 꼼꼼하게 챙길 수 있다는 것은 그만큼 일에 대한 애정이 있다는 뜻입니다. 비판하는 사람을 대하는 입장이라면, '저 사람은 너무 부정적이다'라고 나쁘게 평가할 것이 아니라 '아이디어를 더 완벽하게 만들기 위한 열망이 커서 그렇다'고 다르게 받아들여야 합니다.

사실 이렇게 부정적인 요소를 많이 지적하는 사람은 오히려 이상주의자에 가깝다고 할 수 있습니다. 빈틈이 없고 완전 무결한 것에 대한 열망이 큰 사람일수록 부정적인 요소에 더 집중하니까요. 그러니 스스로를 부정적인 사람으로 함부로 낙인찍지 말고, 그런 말에 쉽게 기죽지 말고 당당해졌으면 좋겠습니다. 자신에게 '나는 완벽주의를 추구하는 열망이 강한 사람이다'라고 기를 불어 넣어주었으면 좋겠습니다.

긍정적인 측면과 부정적인 측면을 모두 고려했을 때 가장 좋은 결과가 도출된다는 것은, 여러 심리학 연구를 통해서 확인되어 있습니다. 한 연구 결과를 보죠. 피험자를 네 집단으로 나누고 한 집단에 두 명씩 짝을 지어 서로 협상하도록 지시했습니다. 첫 번째 집단에는 긍정적인 것과 부정적인 것을 비교하도록 지시했고 두 번째 집단에는 긍정적인 측면만 생각하도록, 세 번째 집단에는 부정적인 측면만 생각하도록 지시했습니다. 마지막 피험자 집단에는 아무런 개입도 하지 않습니다.

네 집단을 비교했더니 첫 번째 실험군, 즉 긍정적인 측면과 부정적인 측면을 모두 생각하도록 했을 때 파트너 사이에 협조가 가장 잘 이루어졌고 서로 윈윈하는 상황도 잘 이끌어냈습니다. 무조건 긍정적으로 생각하는 것보다는 부정적인 요소를 같이 고려할 때, 심리학 용어로 멘탈 컨트래스팅Mental contrasting이 잘 될 때 성과가 더 좋아진다는 것을 알 수 있습니다.

주의해야 할 부분도 있습니다. 일을 시작하기도 전에 너무 방해물에만 집착하면 시작이 힘들어집니다. 시작도 하기 전에 잘 되지 않을 이유들만 잔뜩 늘어 놓는다면 그 일 자체에 문제가 있는 것처럼 인식되기 때문입니다. 그러다 보면 '이 일에는 문제점이 많아, 어차피 잘 되지 않을거야'라는 생각이 자기도 모르게 뿌리 내리게 됩니다. 이런 생각이 자기충족적 예언Self-fulfilling prophecy 되어 실제 일을 망쳐 버리기도 하죠. '말이 씨가 된다'는 속담이 이런 상황에 해당합니다.

일을 자꾸 미루거나 막상 하면 잘 하는데 시작하기가 어렵다는 사람들 중에 이런 경우가 많습니다. 잘 안 될 것, 해도 뭔가 문제가 생길 것에만 집중하다 보면 일을 시작할 맛도 안 나고 비관적인 전망에만 휩싸이게 됩니다. 일에 대한 동력을 잃어버리게 됩니다.

이런 경우에 활용할 수 있는 팁을 하나 알려 드리겠습니다.

새로운 일을 추진하거나 혹은 아이디어를 현실로 옮기려고 할 때 문제점이나 장애물이 너무 많이 눈에 들어오면 일단 자기가 생각하는 문제점의 30%만 고민하세요. 가장 중요하게 생각되는 문제점 30%에 집중하고 나머지 70%는 옆으로 제쳐 두세요. 30%의 문제점만 해결되면 일단 그 일을 추진하는 겁니다.

일을 시작하고 한 고비 넘기게 되면 그 뒤에 나머지 30%를 그때 다시 생각합니다. 문제의 30%를 해결하고 남은 문제들은 보류한 뒤 다음 단계로 넘어갑니다. 이런 식으로 모든 문제를 한꺼번에 해결하려고 하지 말고 미리 정해둔 양만큼의 문제에만 집중하고 나머지는 일이 진행되고 난 뒤에 다시 고민하겠다고 남겨두는 겁니다. 그러다 보면 저절로 해결되는 문제도 생깁니다. 처음에는 해결될 것 같지 않아 보여도 일단 일을 시작하고 나면 자연스럽게 해결되는 것이 의외로 많으니까요.

마음의 문제는 거리를 두고 지켜 보고 있을 때 더 잘 해결됩니다. 이런 것을 포괄적 거리 두기Comprehensive distancing라고 하는데요. 마음에서 일어나는 일에 너무 융합되지 않고 내 마음과 거리를 두고 있는 그대로 관찰하는 것을 말합니다.

앞서서 고민하는 것이 실제로 일을 해결하는 데 도움이 되지 않을 수 있다는 사실을 염두에 두었으면 좋겠습니다. 우리의 삶을 봐도 마찬가지입니다. 나에게 일어나는 많은 일들 중에서 내 스스로 해결할 수 있는 부분이 의외로 많지 않습니다. 눈엣가시처럼 보이는 것이 있더라도 때로는 그냥 내버려 두고 살아가는 법을 배우는 것도 필요합니다.

아무리 애를 써도 우리는 결코 완벽에 도달할 수 없습니다. 실수나 결점 없이 살아간다는 것은 불가능합니다. 하지만 완벽하지 않다고 우리의 존재 가치가 줄어드는 것은 아니지요. 완벽하지 않은 게 삶이니까요. 피터 드러커는 "우리가 살아가는 동안 완벽은 언제나 나를 피해갈 테지만 그럼에도 나는 끊임없이 완벽을 추구하리라"라고 말했습니다. 그는 완벽을 간절히 열망했지만 끝끝내 도달할 수 없다는 사실도 겸허히 받아들였던 거죠.

우리는 건강한 완벽주의와 역기능적 완벽주의Dysfunctional perfectionism를 구분해야 합니다. 역기능적 완벽주의에는 두 가지 범주가 있습니다. 첫째, 비현실적으로 높은 기준을 스스로 설정하고 그것에 도달하려고 자신을 다그치는 경우입니다. 이룰 수 없는 목표를 세우고 그것에 미치지 못하는 자신을 비난하죠. 두 번째는 타인의 기준에 맞춰 완벽해지려고 애쓰는 것입니다. 다른 사람을 만족시키고 사회적으로 인정받기 위해 완벽해지려 하는 겁니다.

역기능적 완벽주의를 추구하는 사람은 만족을 모릅니다. 쉽게 탈진하고 행복해지기도 어렵습니다. 세상은 결점투성이이기 때문에 완벽해지려 할수록 실패자가 될 수밖에 없고 우울할 수밖에 없습니다.

역기능적 완벽주의는 번아웃의 원인입니다. 완벽함에 집착하면 할수록 마른 수건을 짜는 것처럼 에너지와 시간을 쓸데없이 소모하게 됩니다. 덫에 걸린 완벽주의자는 이미 충분한데도 더 완벽하게 만들려고 애씁니다. 별것 아닌 것도 큰 실수인 것처럼 느끼고 그것을 해결하기 위해 자기 자신을 더 열심히 쥐어짭니다. 어떤 성취를 해도 만족감이 없고 설령 만족의 순간이 찾아와도 또 다른 흠결을 찾아다니느라 성취감을 느낄 여유조차 갖지 못합니다. 노력하면 할수록 스트레스는 쌓이고 몸과 마음은 더 지쳐갑니다. 다른 사람에게도 완벽을 강요하게 되고 그러면 관계가 틀어집니다. 완벽의 반대는 실패가 아니라 수용임을 잊지 말아야겠습니다.

한 시간에 10km를 달릴 수 있다면 좋겠지만 두 시간에 주파할 수도 있는 겁니다. 원래 목표를 이루지 못했더라도 달릴 때의 느낌이 전하는 기쁨을 만끽했다면 그 자체로 큰 의미가 있습니다. 과정은 남습니다. 헌신했던 나의 태도는 영원히 나와 함께 갑니다.

열정은 언제 위험해지는가

시간을 아껴가며 마감에 맞춰 일했는데 농땡이를
부리다가 제대로 일을 못 한 사람을 위해서 일정을 조정해줘
야 한다…. 화가 날 수밖에 없습니다. 아니, 화가 나야 정상입
니다. 화가 느껴지지 않는다거나 꾹 참아야 한다고 생각한다
면 오히려 그게 더 문제입니다. 이런 상황에서 사람들이 분노
를 느끼는 핵심에는 공정성의 훼손이 자리하고 있습니다. 회
사에서 인센티브를 줘서 기분 좋다가도 동료가 나보다 많이
받았으면 회사를 미워하게 되는 게 인간입니다.

이런 상황에서 화를 느끼지 않는 사람에게는 그래서 인간
적인 매력을 못 느낄 것 같습니다. 부당한 일을 당해도 "대의

를 위한 일이니까 내가 참아야지." 하면서 성인군자처럼 군다거나 "내가 더 해서 다른 사람이 편해지면 좋은 거지"라며 부처님처럼 말하거나 "누가 더 많이 하던 상관있나, 팀 전체가 해 냈으면 된거지"라며 사장처럼 말하는 사람. 솔직히 이런 사람들과는 말 섞기가 싫습니다. 이런 말 할 줄 몰라서 안 하는 게 아니기 때문입니다.

회사에서 일을 제때 처리하는 사람보다 미뤄두는 습관을 가진 사람 한두 명쯤은 쉽게 눈에 들어옵니다. 시간적 여유가 있었는데도 마감 스케줄을 번번히 어기는 사람도 우리 주변에 흔하죠. 사람들에게 과제를 주면서 언제까지 끝낼 수 있는지 예측해보라고 하면 대부분의 사람이 실제보다 훨씬 짧은 시간 안에 끝낼 수 있다고 대답합니다. 과제를 완수하는 데 걸리는 시간을 습관적으로 터무니없게 짧게 잡는 오류를 범하기 때문인데요. 이것을 계획 오류Planning fallacy라고 합니다.

이렇게 예측된 시간은 대개 원만하게 일이 진행되는 경우 즉 아무런 문제가 발생하지 않는 최선의 경우에 걸리는 시간을 계산해서 나온 것이므로 지켜지기가 힘듭니다. 계획 오류에 빠지는 또 다른 이유는 사람들은 대체로 자신의 미래를 낙관적으로 기대하는 경향에 있습니다. 이런 함정에 쉽게 빠지는 사람들은 자신도 모르게 습관적으로 일을 미루고 나중에

허겁지겁 일을 마무리 지으려고 덤벼들게 되죠.

이러한 시간 예상의 함정, 낙관적 예상의 함정에 빠지지 않고 자기를 조절하는 능력이 뛰어난 사람도 있습니다. 평범한 직장인이라면 여유 부릴만한 상황에서도 만일을 대비해서 미리 일 처리하는 좋은 습관을 가진 사람 말입니다. 이런 좋은 습관 가진 사람은 대체로 계획 능력도 뛰어나고 일을 조직화하는 능력도 같이 겸비하고 있는 경우가 많습니다. 그래서 사회적으로 성공하고 돈도 더 많이 법니다.

이런 사람은 당장 절실하지 않으면 미뤄두는 보통 사람들의 보편적인 심리가 불편합니다. 그런데 "나처럼 시간을 아껴 쓰고 일을 열정적으로 하지 않는다"며 주변 사람들에게 불만을 가지고 신경 쓰다 보면 쓸데없이 감정 에너지가 낭비됩니다. 일에 쏟는 열정도 아까운 판에 그런 사람들을 향한 분노에 에너지를 쓸 필요는 없겠지요. 평판도 나빠지고 내 에너지도 고갈되고, 즉 열정이 위험해지는 순간입니다.

일에 대한 열정은 높이 평가받아 마땅합니다. 다만 인간의 보편적인 게으름을 한탄하기엔 낭비되는 에너지가 많습니다. 길바닥에 널려 있는 돌 때문에 신경이 쓰인다고 땅만 보고 걷다 보면 원하는 곳으로 갈 수 없습니다. 돌만 피하다가 엉뚱한 곳으로 가버리게 됩니다. 일을 미루고 마감을 어기고 일에 열정 없는 사람을 보면 그냥 내버려두어야 합니다. 길바닥에 뿌려진 돌들을 치워 가며 산을 오를 수는 없습니다.

부정적인 감정이 들 때는 기분 좋은 노래보다 슬프고 우울한 노래를 들어보세요. 괜히 화나는 마음 가라앉히겠다고 흥겨운 노래를 듣다 보면 자신의 마음과 노래가 대비되면서 오히려 부정적인 기분만 더 키우게 될 수도 있습니다. 억울하고 분한 기분이 들 때 슬픈 음악에 자기 마음을 맞춰보세요. 훨씬 위로가 됩니다. 애인과 헤어지고 나면 이별 노래가 더 가슴에 와닿고 위로가 되는 것처럼 말이지요. 슬픔과 분노의 감정에 오히려 더 깊이 빠져들고 나면 감정을 추스리고 일어나기가 훨씬 수월해집니다.

워킹맘의 껍질과 굴레

그녀는 13년 차 직장인입니다. 결혼한 지 8년 차가
된 워킹맘인 그녀는 사실 결혼 후 회사를 그만두고 싶은 마음
이 컸지만 친정에 도움도 주어야 하고 시댁과 남편도 맞벌이
를 원하는 상황이라 일을 그만두기가 어렵습니다. 워킹맘의
삶은 녹록지 않죠. 일을 사랑하고 실은 나도 사회생활을 원한
다고 스스로에게 주문을 걸어보지만 아무리 애를 써도 일하는
것이 진정으로 즐겁고 의미 있다고 느껴지지 않습니다. 아이
에게 더 시간을 쏟고 싶고 집안 살림에 집중하고 싶은데, 전업
주부로 사는 주위 사람들이 자신을 부러워하는 기색을 내비치
면 애써 당당하고 씩씩한 척합니다. 돈 때문이라는 생각이 들

자 일이 하루하루 더 힘들어집니다. 워킹맘으로 사는 삶도, 애써 일하는 삶이 좋다고 생각하는 것도 다 지칩니다.

돈 이야기를 먼저 해야겠습니다. 지금 자신의 병원을 운영하는 한 선배는 얼마 전 펴낸 책에서 돈에 대해 이렇게 썼더군요. '과연 돈이 없다면 당신은 무엇을 생각하고 무엇을 원하며 무엇을 그리워하고 무엇을 갈망하며 지낼 것 같은가? 과연 사랑, 창의력, 재미, 가치가 돈이 빠진 부분을 보충할 수 있을까? 돈이야말로 서로 다른 생각, 서로 다른 가치를 지닌 사람들 사이를 소통시키면서 이 시대를 살아가게 하는 물과 같은 역할을 하고 있는 것이 아닐까?'

이 말에 동의합니다. 돈은 인간과 세상을 움직이는 가장 강력한 힘이라는 것을 누구도 부인할 수 없습니다. 일의 의미와 가치를 아무리 강조해도 돈에 쪼들리고 궁핍한 상태에서 인생의 의미를 논하기란 어려운 법이지요.

"돈이 나를 일하게 만든다, 일을 그만두었을 때 겪게 될 경제적인 압박감이 나를 어쩔 수 없이 일로 내몬다"며 푸념하기보다 쿨하게 받아들이세요. 돈이 필요하고 그래서 나의 능력을 팔아서 돈을 벌고 있다고 말이죠.

일을 그만둔다면 어쩌면 지금 느끼는 압박감보다 더 부담감을 느끼게 될 겁니다. 한국에서 아이를 키우며 직장에 다니는 건 무척 고달픕니다. 그럼에도 워킹맘으로 살아야 할 이유가 큰 사람들이 많습니다. 서글픈 현실이지만 가정의 경제도 책임져야 하고 아이도 잘 키워야 하니까요. 그런 사람은 일을 안 한다고 해서 일상의 신체적 정신적 피로가 사라지는 것이 아닙니다. 오히려 배우자와 아이에게 미안한 마음을 갖게 될 수도 있지요.

껍질처럼 갑갑하게 느껴지더라도 커리어우먼, 워킹맘의 역할을 집어 던지지 마세요. 그것이 쉽게 벗겨질 것 같지도 않지만 그것이 꼭 버려야 하는 굴레라고 함부로 말할 수도 없습니다.

어차피 삶이란 역할 놀이입니다. 누구나 사회적 가면으로 진짜 얼굴을 가리고 삽니다. 삶이란 다른 공간과 상황에서 그에 맞는 가면을 쓰고 역할 놀이를 하는 것입니다. 아이들 앞에서는 깐깐한 엄마 가면을 쓰고 시부모님 앞에서는 여우 같은 며느리 가면을 쓰고 친정 부모님 앞에서는 믿음직한 딸의 가면을 쓰고 사는 겁니다.

내가 누구인지 모르겠다, 어느 것이 진짜 내 모습인지 모르겠다, 혹은 나는 다르게 살고 싶다고 항변할 수도 있겠지만 어쩔 수 없습니다. 진정한 자기 모습이란 하나가 아니고 여러 가지인 것이 자연스러운 겁니다. 어떤 모습은 싫고 또 다른 모습은 좋다, 혹은 지금의 모습이 아닌 다른 역할로 살았으면 좋겠다고 부러워해도 소용없습니다. 자기 자신이란 내가 스스로 결정하는 것이 아니라 나를 둘러싼 맥락이 결정하는 것이니까요. 나를 둘러싼 상황이 지금의 내가 어떤 역할로 어떤 모습으로 살아가야 하는지를 결정합니다. 내 모습은 내가 전적으로 결정할 수 있다고 믿고 싶겠지만 현실을 그렇지 않습니다.

돈을 위해 일하는 워킹맘이라는 굴레 때문에 괴로워할 필요 없습니다. 워킹맘인 당신은 자애롭고 인내심이 강한 사람입니다. 돈을 버는 이유도 아이와 가정을 지키기 위함이니까요. 제가 워킹맘의 삶을 바라보았을 때 껍질과 굴레가 아니라 자애와 인내를 느끼는 이유입니다.

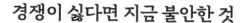

경쟁이 싫다면 지금 불안한 것

치열한 경쟁 사회에서 특히 회사는 조금의 자비를 보이지 않습니다. 열심히 일하는 동료가 한 번의 실수로 해고되거나 함께 일하던 동료를 밟고 일어서야 하는 현실이 싫을 때가 있죠. 한마디로 끝도 없는 경쟁이 지긋지긋할 수 있습니다. 여기서 '지긋지긋하다'는 말은 '불안하다'로 바꿔야 정확합니다.

회사는 나를 언제라도 배신할 수 있는 존재입니다. 열심히 일하면 미래가 보장된다는 환상에 사로잡혀서는 안 됩니다. 정년을 채우거나 높은 직책까지 올라가는 직장인도 있지만 아직까지 많은 사람들이 그 전에 회사와 이별합니다. 회사가 배신할 거라는 것을 미리 알고 그 전에 스스로 떠나기도 하죠. 버티더라도 끝이 좋기가 힘듭니다. 회사뿐만 아니라 모든 조직은 효용 가치가 없어진 사람에게 냉정합니다. 경쟁에서 이겼고 능력을 인정받았고 지금까지 회사에 기여했다고 해서 삶의 궤도가 예상하는 대로 순탄하게 흘러가는 건 아닙니다.

롤모델로 생각했던 상사가 그런 일을 겪었다면 상처는 더 크겠죠. 승진에 탈락한 뒤 사표를 내고 초라한 모습으로 퇴장하는 상사가 마치 미래의 내 모습인 것처럼 받아들여질 수 있습니다. 끝도 없는 경쟁이 지겹다고 하는 말은 곧 '내가 아무리 노력해도 좋아진다는 보장도 없으니 이 싸움이 끝이 나지 않겠구나.' 하는 무력감으로 이어질 가능성이 큽니다. 이런 감정의 가장 밑바닥에는 불안감이 크게 자리하고 있습니다.

보통의 직장인들은 대체로 경쟁에서 그럭저럭 이겨왔습니다. 입시 경쟁도 무난히 뚫고 나왔고 입사 경쟁도 이겼기에 지금의 자리를 차지했던 것이겠죠. 이 말을 반대로 하면 큰 실패의 경험이 없었다는 뜻도 됩니다. 안타깝게도 나이가 들어갈수록 현실은 과거와 다르게 흘러갑니다. 특히나 회사에서는 나이가 들수록 승진 경쟁에서 이기기 어려워지니 점점 두렵겠지요. 어린 시절부터 경쟁에 치여 산 직장인들은 어느날 경쟁이 지겹도록 싫은 순간이 찾아오게 마련입니다. 그런데 이때의 진짜 감정은 '경쟁이 싫어'가 아니라 자신과 삶에 느끼는 불안입니다.

사람은 누구나 실패에 대한 불안감을 가지지만 이를 직접 겪기 전까지는 이것이 얼마나 고통스러운지 잘 모릅니다. 때문에 불안을 인정하지 않고 부정하기도 합니다. 특히 자신감이 넘쳐 나는 사람, 강해야 한다는 믿음이 강한 사람은 불안을 부정합니다. 불안한 것을 인정하기 싫고 밖으로 내보이기 싫어서 분노의 감정으로 바꾸어 표출하기도 합니다. 실패를 할 것 같거나 이길 수 없는 싸움 앞에서 초라해진 모습을 도저히 받아들일 수 없어서 타인과 세상을 비난하기도 합니다.

불안이라는 감정은 인생 항로를 점검하라는 신호입니다. 내가 진정으로 원하는 길로 제대로 가고 있는지 점검하라고 마음이 보낸 메시지입니다. 이 불안이라는 감정의 실체를 제대로 이해하지 못하면 애꿎게 현실 탓, 회사 탓만 하게 될 수도 있습니다. 평소 같으면 그냥 지나칠 일들도 눈에 더 거슬리게 느껴지기도 합니다.

경쟁해서 무엇을 얻고 싶었는지 스스로에게 물어보아야 합니다. 대학 입시 경쟁 때는 이런 생각조차 할 겨를도 없었을 것이고 취업 준비생일 때도 회사에 무조건 붙고 보는 것이 중요하니까 이런 생각을 못 했을 것입니다. 더 안타까운 건, 입사 경쟁에서 이겼을 때는 인생에서 진정으로 원하는 것을 생각하는 것이 사치라고 여기기 쉽다는 사실입니다. 하지만 어느 정도 회사 생활을 했고 누군가 쓸쓸하게 회사에서 퇴장하는 모습도 봤으면, 이제는 조금 더 깊이 인생에서 진정으로 추구해야 하는 가치에 대해 고민해야 합니다.

지금까지는 승진하는 기쁨, 월급을 받는 기쁨, 일에 느끼는 성취감 등으로 직장생활을 했을 겁니다. 회사가 대기업이라면 그곳에 소속된 것만으로도 만족감을 느꼈을 수도 있고요. 남들이 인정해주니 우쭐했을 수도 있겠지요.

경쟁 말고 그 다음에 내가 원하는 것이 무엇인지 생각해봐야 합니다. 경쟁에서 이기고 나면 나라는 사람이 어떻게 변해 있을지 나의 본질은 어떻게 달라져 있을지 머릿속에 그려봐야 합니다. 회사를 그만둔 이후의 내 모습도 떠올려봐야 합니다.

깊게 생각한 후, 회사에서 성공하고 임원이 되고 인센티브를 많이 받는 것이 중요하다면 열심히 회사에 충성하면서 일해야 합니다. 긴장과 불안감을 온몸으로 품고 견뎌내야 합니다. 지긋지긋하다고 경쟁을 피해서는 안 됩니다. 동료를 밟고 일어서야 합니다. 냉정하고 비정한 것이 정상이라는 마음으로 독해져야 합니다. 그래도 괜찮습니다. 나의 가치관이 그쪽으로 향해 있다면 괜찮습니다.

하지만 이런 외적 가치에 의해서 동기화되는 사람이 아니라면 다른 생각을 해야 합니다. 가족, 건강, 행복, 성장, 삶의 의미를 깨닫는 것, 사회에 대한 기여, 약자에 대한 배려… 이런 것을 원한다면 다른 마음가짐이 필요하겠지요. 과연 내가 언제까지 회사원으로 살아갈 것인지 진지하게 다시 고민해야 할 겁니다. 이런 사람은 과장, 부장, 이사 혹은 그 이상이 되더라도 행복하지 않을 테니까요. 회사원으로 꾸역꾸역 버티는 것만으로 '나는 참 잘 살았다'고 생각할 리 없을테니까요.

미래를 위한 지금의 희생에 대하여

'나중에'를 입에 달고 사는 사람이 있습니다. 가족이 여행을 가자 해도 나중에, 아이가 같이 놀자 해도 나중에, 친구가 한번 만나자고 해도 나중에… 지금 해야 할 일이 너무 많아서 미루어두는 일들이 많기 때문입니다. 자신과 배우자의 노후, 아이 학비를 생각하면 더 열심히 일해야 한다는 게 그들의 생각입니다. 이런 사람은 그래서 휴가나 주말에도 일을 할 때가 많습니다. 그들도 여유를 갖고 싶지 않은 건 아닙니다. 다만 물려받을 재산이 있는 것도 아닌데 이렇게 여유 부릴 때가 아니라는 거지요. 그러니 고생스럽더라도 내일을 위해 오늘을 희생하고 사는 게 맞다는 겁니다.

사람들은 저마다 시간에 대한 관점을 다르게 가지고 삽니다. 이것을 시간조망Time perspective이라고 합니다. 지나온 과거의 기억에서 벗어나지 못하는 사람이 있는가 하면 어떤 사람은 아직 오지 않은 미래를 중요하게 여기기도 하고, 지금 이 순간을 중요하게 여기며 현재의 감각에 충실한 사람도 있습니다. 과거, 현재, 미래 중 언제 적 일을 생각하며 더 많은 시간을 보내고 있는가, 하고 물어보면 그 사람이 어떤 시간관을 갖고 있는지 대략의 큰 그림을 엿볼 수 있습니다.

시간에 대한 인식과 태도에 따라서 개인의 생각과 행동이 달라집니다. '나중에'를 입에 달고 주말까지 열일하는 사람은 미래 지향적인 시간관이 우세하다고 말할 수 있는데요. 이런 사람은 미래를 계획하는 일에 가치를 두고 삽니다. 그래서 미래 지향적인 시간관을 갖고 살면 현재 삶이 주는 위안이나 일시적인 쾌락, 즐기고 싶은 유혹을 멀리하게 됩니다. 현재의 즉각적인 만족을 미뤄두면 미래에 더 큰 보상을 받게 될 것이라는 믿음이 마음속 깊이 뿌리 박혀 있는 것이지요. 매 순간 미래에 치러야 할 대가와 현재의 만족 중에 어떤 것이 더 중요한지 끊임없이 저울질합니다. 지금 참으면 미래에 고생하지 않을 거라는 믿음 때문입니다.

미래 지향적인 시간관이 우세한 사람들은 시간을 철저하게 관리합니다. 시간을 아껴 쓰고 늘 시간이 부족하다고 느낍니다. 시간에 대한 압박감을 항상 느끼고 삽니다. 현재를 즐기는 일은 시간 낭비라고 여깁니다. 문제는 이렇게 분 단위로 쪼개 쓴 시간, 허투루 쓰지 않고 남겨진 시간을 자신과 가족을 위해 쓰지 않고 더 많은 일을 하는 데 써버린다는 것입니다. 가족을 위해서 일을 한다고 철석같이 믿고 있겠지만 어느새 밤낮없이 일하는 자신도 지치고 그런 자신을 하염없이 기다리는 가족도 지치는 상황이 옵니다.

이런 마음의 깊은 곳에는 불안이 숨겨져 있는 경우가 종종 있습니다. 예기 불안이 대표적입니다. 일어나지 않았거나 일어날 가능성이 매우 희박한 일이 앞으로 발생할 것이라고 예견하며 괴로워합니다. 가끔 걱정하는 사건이 실제로 일어나더라도 생각만큼 큰 사건으로 이어지지 않을 것이 분명한데도 마음속에서는 마치 지구가 멸망할 것처럼 확대해석해서 스스로를 괴롭히기도 합니다.

직장 상사에게 제출할 보고서에 조그만 실수가 있었을 때 '이러다 회사에서 잘리는 것 아니야?'라고 극단적인 생각을 하거나 조금만 안 좋은 평가를 받아도 '이러다 승진 못 하면 어쩌지?'라고 불길한 결과를 앞당겨 생각하기도 하죠. 가슴이 조금만 답답해도 '이러다 심장 마비로 죽는 것 아니야?'라고 생각하거나 '내일 여행을 가는데 사고라도 나면 어쩌지?'라고 미리 걱정해서 기분을 망쳐버리기도 합니다. 현재를 제대로 즐기기보다는 미래의 걱정에 사로잡혀 있는 것이지요. 모두 생각이 미래의 시점으로 너무 앞서가 있기 때문에 생기는 마음의 현상입니다.

물론 심리적으로 만들어진 미래에 대한 기대와 열망은 공부나 직업, 사업에서 성공하기 위한 바탕이 됩니다. 그래서 미래 지향적인 시간관을 가진 사람은 과거 지향적 혹은 현재 지향적인 사람보다 사회적으로 성공할 가능성이 더 큽니다. 미래 지향적 사람은 자기 관리가 철저하고 인내력도 강하며 스트레스에도 강하다고 알려져 있습니다. 돈도 많이 모읍니다. 절약하는 성향이 강하고 빚을 지는 일도 잘 없습니다. 무엇보다 오랜 시간 동안 열심히 일하기 때문에 돈을 쓸 시간도 별로 없어서 돈이 모일 수밖에 없습니다.

행복이 무엇일까요? 행복해지려면 내가 무엇을 행복이라고 여기는지 명확한 정의를 가지고 있어야 합니다. 같은 사람이 한 명도 없는 것처럼 행복을 찾는 방법도 세상 사람의 숫자만큼 많습니다. 그러니 세상 사람들이 행복에 대해서 떠드는 말을 무조건 믿거나 따라해서는 안 됩니다. 다만 행복하다고 느끼는 사람들이 가진 공통적 속성은 존재하지요. 시대를 초월해서 행복과 연결된 일관적 특성이 있다는 뜻입니다.

행복의 변하지 않는 속성 중에 하나는 바로 '현재에 집중하기'입니다. 우리가 살아 있다고 느끼는 것은 지금 이 순간에 집중하고 현재의 감각에 충실할 수 있기 때문입니다. 현재의 감각을 풍부하게 음미하고 받아들이는 사람은 진정으로 살아 있다고 느끼게 됩니다. 이런 사람은 행복을 느낄 가능성도 높아집니다.

그런데 미래 시간관이 강한 사람은 현재를 받아들이지 못합니다. 현재를 희생하고 현재 삶에 주어진 경험을 거부할 가능성이 높습니다. 이렇게 해서는 살아 있다는 느낌, 그래서 행복하다는 느낌을 경험하기 어려워집니다. 희생에 따른 피로와 무기력이 언젠가 따라올 테고요.

미래에 몰두해 있는 사람은 현재 지향성을 증가시키기 위해 노력해야 합니다. 지금 현재의 경험에 충실하기 위한 시간이 더 많이 필요합니다. 사람은 시간이 흐르고 나면 자신이 한 일보다는 하지 않은 일을 더 후회합니다. 미래를 위해 현재를 희생하다 보면 나중에는 결국 후회만 남게 됩니다.

앞으로 닥칠 일들을 걱정할 것이 아니라 손끝에 스치는 바람의 느낌을 음미해야 합니다. 쏟아지는 햇빛을 즐겨야 합니다. 현재의 감각에 집중하고 느끼는 연습이 필요합니다.

더 이상 이렇게는 못 살겠다고 쓰러지기 전에 눈앞에 주어진 삶에 충실할 시간을 지금보다 더 늘려야 합니다. 가족을 사랑한다면 가족에게 내어주는 시간도 많아야 합니다. 가족에게 내어주는 시간이 적다면 내어주는 사랑도 적을 수밖에 없습니다. 모든 것은 시간이 말해주는 법입니다.

사람이 싫다는 당신에게

영업직은 사람을 만나야 일이 됩니다. 그래서 활동적이고 사람들과 어울리는 걸 좋아하는 사람, 즉 외향적인 사람이 많습니다. 보통 주위에서 '넌 영업하면 정말 잘 할 거다'라는 말도 듣곤 하죠. 외향적인 사람에게는 영업직이나 사람을 상대하는 일이 대체로 잘 맞습니다. 물론 내향적인 사람도 이런 일을 잘 할 수 있지만, 외향적인 사람이 대면 업무를 할 때 내향적인 사람보다 더 편하다는 느낌, 더 수월하게 일을 처리할 수 있다는 느낌을 갖습니다.

영업직에 종사하는 직장인이 어느 순간 사람이 싫어지고 사람 목소리도 듣기 싫어졌다는 하소연을 합니다. 사람이 사람을 멀리하고 싫어졌다면 자신이 번아웃 상태는 아닌가 점검해야 합니다. 대인 업무를 주로 하는 직장인은 번아웃에 빠지기 쉽습니다. 감정노동자들에게 번아웃이 흔한 것은 두말할 나위도 없습니다. 자신의 감정은 드러내지 않은 채 상대의 감정에 주의를 기울이는 일을 오래 반복하다 보면 핸드폰 배터리가 방전된 것마냥 마음의 전원도 깜빡깜빡하게 됩니다. 병원에서 근무하는 간호사, 불치병 환자를 돌보는 가족도 번아웃의 피해자가 되기 쉽습니다.

이런 현상을 연민 피로Compassion fatigue라고 부릅니다. 다른 사람의 말, 다른 사람의 마음, 다른 사람의 의도에 충실하려고 애쓰다 보면 어느 순간 다른 사람을 사랑해줄 만한 힘이 하나도 남아 있지 않게 되지요. '그냥 나를 내버려 둬!' 하는 생각이 마음을 꽉 채워버립니다. 타인의 고통에 초점을 맞출 만한 에너지가 바닥 나버린 상태, 바로 이런 것이 연민 피로입니다.

잠깐 기질 이야기를 하겠습니다. 인간의 성격을 구성하는 기본 단위는 기질입니다. 기질은 원래 잘 변하지 않습니다. 기질은 근본적으로 진화의 산물이고 부모님으로부터 물려받은 유전자에 의해서 50%가 결정됩니다. 세 살 무렵에 관찰된 개인의 기질은 성인이 되어도 그대로 유지됩니다. 한 번 측정 된 기질은 30년 후에 다시 측정해도 그대로 나옵니다.

저는 내향적 기질을 타고 났습니다. 내향적인 사람은 사람을 많이 만나고 나면 에너지가 빠져서 혼자 있는 시간이 필요합니다. 정신건강의학과 전문의라는 직업 탓에 매일 사람을 만나고 사연을 듣고 그들의 감정의 초점을 맞추고 같이 느끼려고 애쓰다 보면 저녁 무렵에는 시들어가는 꽃처럼 생기가 없어집니다. 그래도 지금까지 계속 이 일을 할 수 있었던 이유는 내 기질을 있는 그대로 받아들이고 약점은 최대한 보완하려고 노력했기 때문입니다.

군의관으로 근무하던 시절, 우울증이나 적응장애가 발생한 해병대 병사 환자들을 진료하면서 그들로부터 자주 듣던 말 중 하나는 "내성적인 성격을 고치기 위해서 해병대에 왔습니다"였습니다. 해병대가 사람의 고유한 기질을 바꿔줄 수 있다면 좋겠지만 이건 말처럼 쉬운 일이 아닙니다.

사람과 어울리기 좋아하는 외향인이 사람이 싫어졌다면 그것은 기질이 내향적으로 바뀐 게 아니라 번아웃이 왔다는 신호입니다. 외향인 번아웃이 왔을 때 자주 하는 실수가 있습니다. 일을 갑자기 그만두거나 무작정 혼자 있는 것입니다.

외향인은 혼자 있다고 해서 에너지가 충전되는 것이 아닙니다. 사람과 교감하면서 에너지를 다시 채워나가야 합니다. 그들은 사람을 통해서 내면의 에너지가 다시 충전되기 때문입니다. 만약 이런 상태에서 혼자 있는 시간이 길어지면 '지금 내가 뭐 하고 있지? 사는 것이 무의미해. 공허하고 외로워!'라는 생각이 파고들기 시작합니다. 그러면 기운은 오히려 더 빠져버립니다.

아프리카 전통에는 우분투Ubuntu라는 개념이 있습니다. 우분투는 '사람은 사람을 통해 사람이 된다'는 뜻입니다. 나라는 사람이 완전해지기 위해서는 나 아닌 다른 사람이 필요합니다. 옆 사람이 없다면 인생의 의미도 없어집니다.

외향인에게는 이야기를 나누고 마음을 따뜻하게 만들어줄 그런 사람이 필요합니다. 누구라도 좋습니다. 그 사람을 마음속에 떠올렸을 때 마음이 따뜻해지는 그런 사람을 만나야 합니다. 지금 전화해서 "지금 네가 필요하다"고 말해야 합니다. "너의 따뜻한 위로가 필요하다"고 말해야 합니다.

번아웃, 우선순위가 없는 삶은 나를 배신한다

인정 욕구를 인정하라

소속된 조직에 헌신하는 마음이 크고 자신을 내던져 가며 기꺼이 회사를 위해 최선을 다하겠다는 태도를 일컬어 조직 몰입도라고 합니다. 조직 몰입도가 큰 직장인일수록 더 열심히 일합니다. 야근을 마다하지 않는 것은 기본이고 휴가도 반납하고 몸이 아파도 회사를 위해 링거 한 병으로 기운을 다시 차리고 일을 합니다.

단순하게 회사의 규범에 따라 규칙에만 순응하는 행동적 몰입Behavioral commitment이 아니라 회사와 자신을 동일시하고 진정으로 충성하는 마음을 가진, 감정적 몰입Affective commitment이 높은 사람은 회사가 요구하지 않아도 스스로 몸을 던져 일합니다. 감정적 몰입도가 높은 직원은 이직률도 낮고 직무 수행도도 높은 것으로 널리 알려져 있습니다.

회사에서는 조직 몰입도를 높이려고 여러 가지 시도를 합니다. 포상금을 주고 복리 후생에도 신경 쓰죠. 직원이라는 개인에 머물지 않고 회사, 조직이라는 보다 큰 그림을 그리면서 일하게 만드는 방법입니다.

회식이나 워크숍 같은 행사도 직원들의 감정적 조직 몰입도를 높이기 위한 전략이었습니다. 아이러니컬하게도 여가시간과 사생활을 빼앗는 이런 활동이 오히려 회사에 대한 감정적 몰입을 방해하는 결과를 낳게 되었지만요.

실은 감정적 몰입을 가장 방해하는 요소는 따로 있습니다. 바로 회사가 공정하게 직원을 대우하지 않을 때입니다. 여러 연구 결과를 봐도 공정성이 높은 조직일수록 회사에 대한 직원의 충성도, 헌신도를 반영하는 감정적 몰입도가 높은 것으로 나타납니다. 말로만 인정하고 정작 승진에서는 밀린다면, 그것도 성과도 부족한 직원이 자기보다 더 빨리 승진한다면 그런 조직에 몰입할 직장인은 세상에 단 한 명도 없을 겁니다. 이런 상황에서 자존심의 큰 상처까지 입으면 온갖 부정적 생각들이 머릿속을 꽉 채우게 되고 결국 회사에 대한 분노로 이어집니다. '내가 회사를 위해서 이렇게 헌신했는데 어떻게 나

한테 이럴 수 있어!'라고 울분을 품습니다.

충성심 높은 직원이 회사가 불공정하게 자신을 대우했다고 여기면 회사에도 큰 손해입니다. 감정적으로 조직에 깊게 몰입하는 사람이 급격하게 줄어드는 추세고 회사 입장에서도 이렇게 훌륭한 직원을 또 뽑을 수 있는 가능성은 낮아질테니까요.

그런데 이렇게 억울한 상황이라도 다른 측면을 주의해서 들여다볼 필요가 있습니다. '혹시 회사가 나를 승진에서 배제한 이유가 내가 생각한 이유 말고 다른 이유가 있는 것은 아닌가?' 하고 말이지요.

회사라는 조직은 비밀 결사대와 유사한 면이 많습니다. 밑으로 갈수록 직원에게는 결론만 내려오지 왜 그런 결론을 내렸는지에 대해서는 조직 보호 차원에서 알려주지 않습니다. 승진처럼 예민한 사항에 대해서는 더욱 알려주지 않습니다. 때문에 내가 부당한 대우를 받은 것에 대하여 회사가 드러내고 말하지 못하는 다른 이유가 있을 수 있는 겁니다. 겉으로 드러난 이유는 진짜 이유가 아닌 거죠. 회사의 결정을 합리화하기 위한 이유일 수도 있습니다. 직원으로서는 알 수 없는 조직의 논리, 어쩌면 정치적 논리가 개입되었을 가능성도 있을 겁니다.

사람은 누구나 마음 깊은 곳에서 '제발 나를 인정해줘!' 하는 갈망이 꿈틀대고 있습니다. 태어나서 죽는 그 순간까지 사람은 자기 존재와 가치가 인정받기를 끊임없이 원합니다. 인정 욕구는 식욕과 유사합니다. 밥을 먹지 않으면 배가 고프고 허기져서 일상생활을 잘 못하듯이, 인정 욕구가 충분히 채워지지 않으면 사회생활을 활기차게 할 힘이 나지 않습니다.

　내가 원하는 만큼의 인정 욕구를 다른 사람도 똑같이 가지고 있다는 사실을 끊임없이 되뇔 필요가 있습니다. 인정 욕구는 아무리 충족되어도 끝이 없습니다. 끊임없이 채워주어야 하고 조금이라도 게을리하면 금방 바닥이 드러나버려, 밑 빠진 독에 물 붓는 것과 유사합니다.

　당신이 리더라면 회사의 경찰관 노릇은 그만두세요. 교통법규를 위반해서 딱지를 뗐을 때 사람들은 자기 잘못은 생각하지 않고 경찰관을 욕합니다. 아무리 옳은 말이라고 하더라도 악역은 최소한으로 하세요. 경찰관보다 치어리더가 되겠다는 생각도 좋습니다. 적어도 회사 안에서는 인정 욕구 없는 사람은 없습니다. 사람들의 인정 욕구부터 충분히 채워주고 경찰이 되어도 결코 늦지 않습니다.

왜 이기고 싶은지 알아야 하는 이유

먹고 사는 것이 편안해지면 경쟁 없이 평화롭게 지낼 것이라고 믿는 사람이 많겠지만 실상은 그렇지 않습니다. 오클라호마대학교의 동물학과 더글러스 모크Douglas W. Mock 교수가 쓴《살아남는 것은 다 이유가 있다》를 보면, 경쟁하고 이기고 살아남는 것은 어떤 환경에서도 드러나는 모든 생명체의 고유한 본성임을 알 수 있습니다. 같은 둥지에서 같이 자란 새들이 먹이를 어떻게 나누어 먹나 관찰했습니다. 새들 중에는 강한 개체도 있고 약한 개체도 있었는데 강한 새들은 자기 먹을 것만 챙겼고 어미새도 제대로 먹지 못하는 약한 새를 그대로 두고 보았다고 합니다. 먹이가 부족해서 이런 현상이 일어낳을까 싶어 인위적으로 먹이를 풍족하게 제공했는데도 여전히 강한 새들은 약한 새들의 먹이를 가로챘습니다. 먹고 살 만하고 풍요로운 환경이 되어도 약한 경쟁자를 없애버리려는 본능은 사라지지 않았던 것이죠.

싸움에서 이기는 사람은 따로 있을까요? 동물은 덩치가 크고 강한 개체가 살아남을 확률이 확실히 더 큽니다. 하지만 인간은 다릅니다. 겉으로 드러나 보이는 힘이 싸움의 승패를 결정하지 않습니다. 공정한 룰에 따라 진행되는 게임을 하다 보면 매번 이기는 사람이 또 이길 때가 많습니다. 가위바위보처럼 실력과는 무관하게 순전히 운에 의해 승패가 갈리는 게임에서도 한 번 이겨봤던 사람이 다시 이기는 경우가 많지요.

이기고 지는 것은 실력이나 운도 중요하지만 이기고자 하는 열망이 얼마나 강력하냐에 의해 결정됩니다. 심지어 겉으로 보기에는 덩치도 작고 내적으로는 열등감도 심한 사람이 승부의 세계에서는 자주 승리하기도 합니다. 이 경우도 이기고자 하는 열망이 그 누구도 따라올 수 없을 만큼 크기 때문입니다. 다중지능 이론Multiple intelligence theory으로 유명한 심리학자 하워드 가드너Howard Gardner에 따르면 성공한 리더의 상당수는 불행한 과거에서 연원한 열등감을 지니고 있다고 했습니다.

가진 것이 없고 불운한 삶을 살아 온 사람이라면 대체로 '나는 노력해도 실패할거야'라는 잘못된 믿음을 갖기 쉽습니다. 그래서 승부를 다투어야 하는 상황에 맞닥뜨리게 되면 이런 잘못된 믿음이 자동적으로 떠올라 불안감이 앞섭니다. '싸워 봐야 질 텐데'라는 생각까지 이어지면 승부를 벌이기도 전에 의욕마저 꺾입니다. 승부를 벌이기도 전에 불안을 느끼고 의욕마저 잃어버렸다면 결과는 이미 정해진 것이나 마찬가지. 실력이 좋고 천운이 따른다고 하더라도 이길 수 없습니다.

그런데 마음 깊은 곳에 열등감이 크게 자리 잡고 있지만 승부를 가려야 하는 순간이 되면 오히려 이기고자 하는 열망이 더 커지는 사람도 있습니다. 이런 사람들의 마음속에는 대체로 두 가지 심리가 숨겨져 있습니다.

첫째, 이번 승부에 이겨서 자신이 못난 존재가 아니라는 것을 증명해 보이고 싶어합니다. 상대에 비해서 키도 작고 근육도 약하지만 어떻게든 덩치 큰 녀석을 쓰러뜨려서 나는 강하다는 것을 현실에서 증명해 보이고 싶은 거죠. '세상이 나를 주눅 들게 했지만 이번 승부에서만큼은 절대로 무시당하지 않겠다'는 마음이 이기고자 하는 열망으로 이어진 것입니다. 두 번째는 패배했을 때의 아픔을 두 번 다시 겪고 싶지 않은 마음이 강합니다. 과거에 겪었던 불행과 고통을 앞으로는 절대로 경험하고 싶지 않다는 마음 때문에 승부가 벌어지면 반드시 이기려고 합니다. 불안한 마음이 오히려 승부욕을 자극한 것입니다.

그런데 이처럼 이기려는 이유가, 자신이 열등하지 않다는 것을 증명하기 위해서 혹은 실패에 대한 불안에서 벗어나기 위한 것이라면 이것만으로는 부족합니다. 창조적인 노력이 요구되는 현재와 미래에서는 열등감을 이기고자 하는 열망으로 승화시키는 것만으로는 부족합니다. 경쟁에서 이기겠다는 것에만 집착해서 승부하다 보면 나중에 자신의 실력으로 이겨도 승리를 폄훼당하기 쉽습니다. 실패에 대한 두려움을 회피하고자 이기려 했다면 승리 후에 "고작 이것을 얻으려고 그렇게 애를 쓴 건가?" 하는 회의감에 휩싸이게 됩니다.

"지금 하는 일이 나와 사회에 어떤 의미가 있는가?" 하는 물음에 대한 자기만의 강력한 대답이 있어야 합니다. 이기기 위해서는 실력도 중요하지만 운이 따라야 합니다. 그런데 운이라는 것은 불확실한 상황에서도 용기를 잃지 않고 끝까지 버티는 사람에게 찾아오는 기다림의 대가입니다. "이길 수 있을까? 지면 어쩌지?"라고 불안할 때도 "나는 내가 하는 일을 통해서 이 세상에 의미 있는 무엇인가를 반드시 남기겠다"라는 사명을 품고 있을 때 불안감을 떨쳐내고 힘든 싸움도 끝까지 견뎌낼 수 있습니다. 자신이 하고 있는 일이 중요하고 의미 있는 것이라는 확신감으로 가득 차 있을 때 하늘의 운도 따르는 법입니다.

단순히 돈을 벌겠다고, 1등이 되겠다고 하는 것만으로는 안 됩니다. 돈이나 1등이라는 세속적인 평가만으로는 가질 수 없는 품격과 가치가 없으면 존경을 받을 수 없습니다. 사회에서 계속 살아남을 수도 없습니다. 자신이 하고 있는 일이 도덕적으로 옳을 뿐만 아니라, 나 자신과 사회에 의미 있는 무엇인가를 남겨주기 위한 것이라는 확신이 심장부터 피부까지 뿌리 박혀 있어야 합니다. 가치에 대한 헌신이 있어야 이길 수 있습니다. 그래야 이기고 나서도 제대로 대접받습니다. 이것이 강한 새가 자기만 살겠다고 힘없는 약한 새들을 굶어죽도록 내버려두는 동물과 인간이 진정으로 다른 이유입니다.

인간의 한계를 받아들이기

"선생님은 어떤 종교를 믿으세요? 신앙인이 아니라면 제 말을 이해하기 어려우실 텐데……" 상담 중에 내담자가 이런 질문을 하면 제 머릿속은 복잡해집니다. 아비를 아비라 부르지 못하는 홍길동 같은 심정이랄까요. 신앙에 깊은 뿌리를 둔 한 사람의 마음을 한낱 개업의에 불과한 제가 어찌 다 헤아릴 수 있을까요. 불가능한 일입니다. 내담자의 이런 염려는 당연한 것일지도 모르겠습니다.

특정 종교에 제 자신을 묶어두고 있지는 않습니다. 그러나 무신론자냐고 묻는다면 그렇지는 않습니다. 저는 신을 믿습니다. 조금 더 정확히 표현하자면 '신은 반드시 존재해야만 한다'

라고 믿고 있습니다.

　마주 보고 앉는 책상 하나와 책장 둘이 있는 진료실에서 수천 명의 사람들을 만나 사연을 듣다 보면 "아니, 어떻게 그런 일이 일어날 수 있죠!"라고 내뱉게 되는 인생사와 종종 마주칩니다. 환자들이 겪었던 기구한 인생사를 글로 옮길 때는 '신이 벌인 일이라고밖에 설명할 수가 없다'는 표현 외에 쓸 수 있는 말이 없습니다. 비록 간접 체험이긴 하지만 그런 일을 겪은 날은 진료를 다 끝내고 혼자 덩그러니 앉아 어둑해진 창밖 하늘을 보며 '세상 사람들이 걷게 될 운명의 길은 신이 다 정해놓은 게 아닐까? 우리는 그 길에서 벗어날 수 없는 게 아닐까? 그렇다면 인생을 제대로 산다는 건, 신이 펼쳐 놓은 그 길을 얼마나 충실하게 걸어가느냐, 하는 것에 달려 있겠구나'라는 생각에 닿습니다. 비관적 숙명론자처럼 낙담하는 게 아닙니다. 크든 작든 자신에게 주어진 텃밭을 나름대로 어떻게든 최선을 다해 아름답게 꾸미려는 정원사 같은 마음가짐이 피어오르는 겁니다.

　"인간이란 존재에 대해 선생님은 어떤 생각을 가지고 계세요?" 한 달에 한 번 정도, 퇴근길에 들러 상담하고 가는 40대 전문직 여성 내담자가 이렇게 물었을 때 뭐라고 답해야 할지 몰라 고개를 갸웃했습니다. 정신의학을 열심히 공부해서 박사

학위까지 받았지만 이것이 내가 인간 실존의 심오함을 꿰뚫어보고 그 정수를 풀어낼 줄 아는 탁월함까지 겸비했다는 보증을 하는 건 아닙니다. 이런 질문에는 질문한 사람에 대해 곰곰이 생각해야 제대로 답할 수 있습니다.

상담에서 나눴던 말들과 그녀의 신앙, 가치관, 역사를 더듬어봤습니다. 어린 학생을 자살로 내몰리게 했던 사건에 자기 가족 일처럼 슬퍼하고 분노했으며, 무고한 시민이 공공장소에서 악인에게 희생되었을 땐 자기 힘으로 세상을 바꿀 수 있으면 좋겠다고 목소리를 높였던 그녀입니다. 신앙심 깊은 그녀는 종교가 알려준 원죄와는 상관없이 인간은 본디 선한 존재라는 또렷한 믿음을 갖고 있습니다. 하지만 이스라엘인 수백 명이 살해당하고 이어진 전쟁으로 죄 없는 민간인 수천 명이 사망했다는 뉴스가 터져나올 무렵 그녀가 던졌던 질문의 참뜻은 "인간이 근원적으로 선하다는 생각은 오류가 아닐까요? 선생님은 어떻게 생각하세요?"라는 것이었을 테지요.

그 질문을 받기 전에 저는 아마도 "인간 마음의 대부분은 선과 악의 경계가 불분명한 회색지대로 뒤덮여 있어요"라고 했을 겁니다. 하지만 그날 저는 "인간은 본디 악한 존재예요"라고 했습니다. "잘 먹고 잘 입고 배우고 깨우치고 세상에서 타인과 어울리며 선한 목적 의식을 가슴에 품고 그것에 어울리

는 행동을 반복하고 또 반복하면서, 인간은 악에서 아주 조금
씩 멀어질 따름이에요. 잠시라도 주의하지 않고 노력을 잠시
라도 멈추면 용수철이 당기는 것처럼 바로 악해지는 게 인간
이에요."

분노의 심리학적 원인

"자꾸 화가 나고 짜증이 나요. 분노 조절이 안 돼요"
라고 호소하는 분이 많습니다. 분노 조절이 안 된다는 직장인
이라면 우선 번아웃 증후군을 의심해봐야 합니다. 회사에서
지치고 화가 나도 웃어야 하고 사람들 응대에 맞추어야 하고
직장 분위기에 따라서 억지로 좋은 척하고 지내다 보면 자신
도 모르게 번아웃됩니다. 내 것이 아닌 옷을 억지로 끼워입고
지내다 보면 어느새 지치고 녹초가 됩니다.

번아웃에 빠지면 사소한 자극에도 화가 나고 그냥 가만히
있어도 짜증이 납니다. 의욕이 저하되고 재미도 못 느끼고 '나
는 뭔가. 내가 하는 일이 의미가 없다'라는 회의감이 듭니다.

감정이 격해지면 올바른 견해를 갖기 힘들고 이성적 판단에도 문제가 생깁니다. 흥분했을 때 자동적으로 떠오르는 생각과 마음이 편할 때 떠오르는 생각은 완전히 다릅니다. 우울하면 우울한 생각이 더 많이 떠오르고 분노가 가득 차오르면 세상이 불공정하고 나만 피해 봤다는 생각만 하게 됩니다. 감정적으로 흥분하면 상대의 약점이나 자신의 정당성에만 집착하게 됩니다. 분노를 정당화하는 정보만 입력되고 나머지는 무시하게 됩니다. 자기 감정과 일치하는 정보만 눈에 띄는 것이지요. 이렇게 되면 다른 사람은 문제가 많고 자신은 결백하다는 생각에만 빠져들어 자신의 분노를 더욱 정당한 것으로 여기게 됩니다.

감정 조절이 되지 않을 때는 자기 자신도 이해할 수 없는 행동을 합니다. 사소한 일에도 무슨 큰 의미가 숨겨져 있는 것처럼 의심을 하고 사람들을 비난합니다. 관공서에 직원이 조그만 실수를 해도 "이따위로 일하면서 내 세금으로 월급을 받느냐"며 거친 언어로 화를 내고 평소와 다름없는 배우자에게 잔소리를 늘어놓습니다.

분노도 자꾸 반복되면 중독됩니다. 다른 사람에게 분노를 표현하면 일시적인 감정 해소를 할 수 있고 분노로 타인을 지배하고 있다는 인식이 생깁니다. 이것이 분노에 대한 긍정적

강화로 작용해서 분노 중독의 사이클에 빠져들게 만드는 것이죠. 좌절감을 느끼거나 무력감을 느낄 때도 이것을 분노로 풀려는 욕구가 생깁니다. 스트레스받고 힘들 때조차 분노로 표출하고 그것으로 심리적 보상을 얻으려 하는 중독의 악순환에 빠지게 됩니다.

화가 날 때는 자신의 심리적, 신체적 반응에 주의를 기울이는 것이 가장 먼저입니다. 우리는 저마다 감정에 대한 독특한 육체적 경험과 정신적 반응을 가지고 있습니다. 어떤 사람은 얼굴이 빨개지고 어떤 사람은 숨이 가빠지고 어떤 사람은 가슴이 답답해지고 어떤 사람은 목소리가 높아집니다. 분노와 관련된 신체 반응이 나올 때마다 '아 내가 화가 났구나. 조절하기 힘들 수도 있겠구나.' 하고 알아차리는 것이 중요합니다.

다음으로는 화가 나는 상황에서 어떻게 할지, 자기 나름의 대처 방식 한 가지를 미리 정해두어야 합니다. 무조건 자리를 피한다던지 냉수를 한 잔 끝까지 마신다던지… 조절하기 힘든 분노가 일어났을 때는 어떻게 대처할지 미리 준비해서 자동적으로 그것을 행동할 수 있을 정도로 연습해두는 것이죠.

가장 좋은 대처법 중 하나는 호흡을 조절하는 것입니다. 화가 느껴지면 깊은숨을 쉬려고 노력합니다. 일단 숨을 천천히 들이마십니다. 그리고 숨을 길게 내쉽니다. 들이마신 것보다 조금 더 길게 숨을 내쉽니다. 숨을 천천히 그리고 깊고 고르게 들이마시고 그것보다는 조금 더 길게 내쉬기를 여러 차례 반복합니다. 마음속으로 공기가 코와 입을 통해서 폐까지 들어가는 과정의 느낌에 집중해봅니다. 이렇게 하다 보면 부교감 신경계가 활성화되어 긴장이 풀리면서 화가 줄어들고 안정을 되찾게 됩니다.

또 다른 방법은 분노를 언어화하는 것입니다. 쉽게 할 수 있는 팁을 알려드리겠습니다. '~구나' 테크닉입니다. "에이 기분 나빠"가 아니라 "내가 지금 기분이 나쁘구나"라고 언어화하는 것이지요. "저 인간 때문에 성질 나"가 아니라 "내가 저 친구 때문에 화를 내고 있구나"처럼 말이지요. "아 짜증 나!"가 아니라 "내가 지금 짜증을 느끼고 있구나." 하는 겁니다.

이렇게 감정에 '~구나'라는 이름을 붙이면 자아가 감정에 융합되지 않고 감정을 객관화시켜 있는 그대로 바라볼 수 있게 됩니다. 자기감정을 있는 그대로 받아들이기도 쉽습니다. 꼭 '~구나'가 아니어도 "분노, 분노, 분노…"라던지 "짜증, 짜증, 짜증…" 이런 식으로 반복해서 감정을 언어화시켜 속으로 읊조리다보면 감정을 있는 그대로 받아들이기가 수월해집니다.

감정을 객관화시킬 수 있으면 억지로 없애려고 하거나 속이려 하지 않아도 되니까 다루기 쉽습니다. 감정에 이리저리 끌려다니지 않으니 그만큼의 에너지가 남거든요. 정서적 여유도 생깁니다. 중요한 것은 그런 뒤에 스스로에게 꼭 질문을 해야 한다는 사실입니다. "지금 나에게 가장 중요한 일은 무엇인가? 당장 해결해야 하고 처리해야 하는 일이 무엇인가?" 하고 말이죠. 그리고 그 일에 다시 집중하는 겁니다. "아, 짜증 나서 미치겠어. 어떻게 일을 하지"가 아니라 "내가 짜증을 느끼고 있지만 지금 해야 할 일에 집중해야겠어"라고 내 마음을 감정으로부터 떼어놓는 것이죠.

이렇게 했는데도 분노를 조절을 못 하겠다면 화내는 것을 조금 뒤로 미뤄두려고 노력해보세요. "5분만 있다가 실컷 화를 내자. 10분 있다가 고함이라도 한 번 쳐야지." 하고 화를 나중으로 미루는 것이지요. 화를 참아야 한다고 생각하면 더 화가 쌓이지만 5분 있다가 화를 내야겠다고 하면 마음이 조금 가벼워집니다. 막상 5분이 흐르고 나면 자연히 화도 조금 진정되어 있을 겁니다.

직장생활, 인간관계에서 분노를 느끼는 것은 자연스러운 일입니다. 몸이 다치면 통증을 느끼는 것처럼 마음을 다치면 분노가 느껴집니다. 누군가 자신을 무시하거나 모욕하거나 부당하게 대우하면 분노하게 됩니다. 그런데 그 분노 속에 자신의 심리적 문제가 녹아 있다면 부적절하고 과도하게 화를 느낄 수 있습니다. 불안감을 많이 느끼는 사람일수록 분노로 자신을 보호하려고 하는 것처럼 말입니다.

자신과 상대에 대해 과도한 기대를 가지고 있으면 실망할 일이 많아져서 화를 느낄 일도 많아집니다. 완벽주의적이고 조그만 흠결도 견디지 못하는 사람 역시 뜻대로 되지 않는 일이 생길 때마다 분노를 느낄 가능성이 큽니다. 그러므로 화를 내기 전에 항상 생각해봐야 합니다. "화가 나는 것이 나의 문제에서 비롯된 부분은 없는가?" 하고 말이죠.

감정은 신호입니다. 불안은 자신이 위험하다는 것을 알려주는 마음의 신호이고 우울은 뭔가를 잃어버렸거나 잃어버릴 것 같은 상실을 알려주는 신호입니다. 분노는 '나의 정체성이 훼손되었다'는 것을 알려주는 신호이고요. 번아웃 때문에 화가 나는 것이라면 그것은 '당신의 라이프스타일을 변화시켜라'라는 메시지이고 "너 지금 너무 지쳐 있어. 좀 쉬어야 해"라고 뇌에서 휴식하라는 사인을 보내는 것입니다. 화가 자주 느껴지고 조절하기 어렵다면 살아가는 방식을 바꾸라는 메시지를 뇌에서 보내고 있는 겁니다.

마음건강에 좋은 여행의 기술

온갖 종류의 여행 책자가 넘쳐나지만 제가 최고로 꼽는 책은 사진작가이자 에세이스트인 후지와라 신야의 《인도 방랑》입니다. 1970년대에 출간되어 일본 젊은이들의 가슴에 불을 질러 놓은 책이지요. 책을 읽은 뒤 바로 직장에 사표를 던졌다는 사람이 속출했다는 전설 같은 이야기가 지금까지도 회자되고 잇습니다.

'걸을 때마다 나 자신과 내가 배워온 세계의 허위가 보였다'는 책 속의 한 구절처럼 여행은 나와 세상을 다르게 볼 수 있는 가장 좋은 방법입니다. 여행을 통해 내면의 성장을 이루었다는 분들이 경험하게 되는 공통적인 속성 두 가지가 있습니다.

이 두 가지 속성은 여행뿐만 아니라 고통을 경험한 뒤에 오히려 이전보다 더 큰 회복탄력성을 갖게 되었다는 사람에게서도 나타납니다. 자기 성찰이든 상담을 통해서든 자신에 대해 미처 깨닫지 못했던 의미를 깨달았다는 사람들이 공통적으로 경험하는 것이기도 합니다.

그 중 첫 번째는 바로 거리 두기Distancing입니다. 일이든 사람이든 특정한 대상과 자기 자신을 너무 가까이 두면 시간이 지날수록 지치고 마음에 상처받을 일도 많아집니다. 직장인이 번아웃 증후군에 걸리는 이유는 업무 성과가 기대에 못 미치거나 상사로부터 질책을 받았기 때문만은 아닙니다. 직장 스트레스가 번아웃까지 이어지는 이유는 일과 자기 자신 사이에 심리적 거리를 적절하게 유지하지 못했기 때문입니다.

나라는 사람과 회사원 ○○○을 적절히 떨어뜨리지 못할 때 번아웃되기 쉽습니다. 예를 들어 회사원 ○○○이 업무를 못 하면 나라는 사람의 존재 가치마저 떨어진다고 느끼는 것이죠. 업무에서 스트레스받을 때마다 '내 역량이 부족한가? 내가 무슨 문제가 있나?' 하고 불필요하게 자신을 낮춰 보게 되면 금방 지치고 열정도 사라집니다. 그러므로 일상의 의무로부터 자신을 물리적으로 떼어 놓는 것만으로 에너지가 새롭게 충전될 수 있습니다. 그런 점에서 여행은 일상에서 거리 두기를 실천할 수 있는 가장 확실한 방법입니다. 나를 지치게 만들었던 모든 것으로부터 나 자신을 지키는 가장 좋은 방법인 것이지요.

거리 두기는 창조적 사고를 일으키는 첫 번째 스텝이기도 합니다. 물밀듯 쏟아지는 생각들에 휩쓸려 가거나 일부러 생각을 쥐어짜는 것이 아니라 옆으로 한 발짝 물러서서 지켜볼 수 있어야 창조적인 아이디어가 떠오릅니다. 철학에서 자주 언급되는 '낯설게 보기'라는 것도 일상의 익숙한 것과 거리를 둘 수 있어야 가능한 것처럼요. 새로움이 끼어들 마음의 공간을 만들지 못하면 창조적인 생각이 오히려 거북하게 느껴집니다. 여행은 익숙함으로부터 거리 두기를 실행해서 마음의 공간을 만드는 작업과 같습니다.

여행의 순간순간에 내 모든 감각을 집중해야 합니다. 카메라에 담는 것이 아니라 뇌리에 이미지를 심어둔다는 생각으로 순간의 경험들에 집중해야 합니다. 여행을 가서도 머릿속으로 회사 업무를 떨쳐낼 수 없다면 마음에 창조적 공간을 만들 수 없습니다.

여행은 나를 새롭게 정의할 기회를 줍니다. 새로운 환경에 나를 던져 놓고 새로운 사람들의 시선을 통해 나를 다시 바라볼 기회를 주는 것이죠. 거리 두기의 궁극적인 목표도 익숙한 자신에서 벗어나 새롭게 자기를 규정하는 것입니다. '내 마음에는 무엇이 들어 있나.' 하고 자신의 마음에만 파고 들어가서 는 진짜 자기를 발견할 수 없습니다. 다른 환경 속에 자신을 떼 어다 놓고 타인의 관점에서 바라볼 수 있어야 나를 제대로 찾 을 수 있습니다. 진정한 나를 발견하는 여행을 하고 싶다면 평 소에 가던 여행지나 편하고 익숙한 여행지는 안 됩니다. 낯설 고 다소 불편하게 느껴지는 곳에 자신을 던져 놓아야 합니다.

그렇다고 여행에서 얻는 심리적 이득이 거리 두기에만 머 문다면 그건 충분하지 않습니다. 여행을 통해 체득한 새로운 감각, 경험 그리고 관점을 활용해서 자기 자신에 대한 재서술 **Self rescripting** 작업으로 이어져야 합니다. 지금까지는 '원칙주의 자 ○○○ 대리'였다면 여행을 통해 '융통성도 발휘할 줄 아는 ○○○ 대리'로 자신에 대한 서사를 새롭게 써나갈 수 있어야 합니다. '냉철한 결정자 ○○○ 부장'이 낯선 여행 경험을 통해 '힘든 결정의 순간에 인간에 대한 배려를 잃지 않는 ○○○ 부 장'이 될 수 있어야 합니다. 그래야 여행을 통해 자기 성장을 이루었다고 진정으로 말 할 수 있습니다.

물론 지친 나에 대한 보상으로 안락한 여행지에 휴식으로 내 몸을 잠시 맡겨둘 수도 있을 겁니다. 이런 여행도 필요합니 다. 쏟아지는 업무 때문에 수면도 부족하고 건강도 좋지 않다 면 쉬어야지요. 하지만 두 다리가 튼튼하고 무엇보다 아직 젊다면 쉬기 위한 여행만으로는 부족하지 않을까요.

마음의 성장은 익숙하고 편안한 곳에서 벗어날 때 시작됩니다. 후지와라 신야는 여행에 대해서 이렇게 말하더군요. '굴곡 없는 일상에 지쳐갈 무렵 새롭게 활기를 불어넣어준다는 의미에서 일부러 약간 위태롭게 보이는 다리를 건너갈 필요가 있다. 트래블Travel에 트러블Trouble이 때로는 필요한 법이다'라고 말입니다.

증거 중독에서 벗어나고 싶다면

사용 후기를 다 뒤져보고 인터넷 쇼핑몰을 돌아다니며 가격을 하나하나 다 비교해본 뒤에도 어떤 물건을 살지 결정을 하지 못하는 사람. 샴푸 하나 살 때도, 노트 한 권을 살 때도 정보를 확인하고 또 하는 사람. 휴지 하나 살 때도 다른 사람들의 의견과 정보가 없으면 결정 못 하는 사람. 수많은 증거들을 긁어모아야만 안심하는 사람.

이런 사람을 두고 증거 중독이라고 하면 너무 과한 표현일까요? 이 시대를 사는 사람이라면 중독까지는 아니라 하더라도 누구나 무슨 상품이 좋다더라, 무엇은 믿을 수 있다더라, 판매율이 어떻다더라, 하는 증거를 쫓아다니니까요.

이렇게 된 데는 여러 가지 이유가 있겠지만 무엇보다 우리 사회에서 신뢰가 약해진 탓이 클 겁니다. 원산지를 속인다든가 표시된 것과는 다른 성능을 갖고 있었다든가 광고에는 화려한 디자인처럼 보였는데 실제로 구매한 상품은 그렇지 않았다든가 하는 일들을 겪다 보니 증거 수집에 열을 올리게 되는 것이지요. 험난한 세상의 단면이 개인의 사소한 결정에 영향을 미친다고 생각하니 서글퍼집니다.

물론 다른 원인도 있습니다. 인터넷을 통해 얻을 수 있는 정보량이 무한대로 늘어났다는 사실, 새로운 제품과 정보가 끊임없이 생산되고 업데이트되고 있다는 사실, 그래서 정보에 민감하지 않으면 금세 뒤처지게 된다는 사실이 증거 중독의 다른 원인에 해당할 겁니다. 여기에 덧붙여 가만히 넋 놓고 있다가는 나만 손해 보게 된다는 피해의식도 한몫하고 말입니다. 똑같은 물건을 두고도 사람마다 다른 가격을 주고 사는 경우가 허다하니 좋은 조건을 찾아 끊임없이 정보를 수집할 수밖에요.

그럼에도 세상 탓만 할 수는 없을 것 같습니다. 증거 중독의 가장 중요한 원인은 바로 자기 확신의 결핍일 테니까요. 세상을 믿지 못하는 것이 아니라 자신의 취향과 욕망 그리고 자기가 인생에서 진정으로 추구하는 것이 무엇인지 제대로 알지 못한 채 살아가는 것이 증거 중독의 근본 원인일 겁니다.

불확실성이 넘쳐나는 세상일수록 내면의 기준과 자기 욕망에 대한 선명한 자각이 필요합니다. 나는 어떻게 살고 싶은지, 나라는 사람은 어떤 사람이기를 바라는지 그리고 내가 진정으로 원하는 것이 무엇인지 스스로에게 묻고 답하기를 반복해야 합니다. 세상 속에 흩어진 증거들을 아무리 긁어모아도 이런 질문에 대한 답은 절대로 얻을 수 없습니다.

인생에서 가장 소중하게 여기는 것을 떠올려보세요. 가족, 건강, 종교, 사회에 대한 기여, 아름다움, 직장, 학습, 성장… 다양한 것들이 떠오를 겁니다. 각각에 대해 그것이 왜 중요한지 인생에서 어떤 의미가 있는지 스스로에게 묻고 답하는 연습을 해보세요. 좋아하는 음식, 책, 도시, 영화, 노래, 취미에 대해서도 똑같이 해보세요. 이런 연습은 불확실성 속에서 불안감을 줄여주고 의심과 회의에서 벗어날 수 있도록 도와줍니다.

복잡한 사회 속에서 판단에 영향을 주는 정보가 폭발적으로 늘어나면 이성이나 논리보다 직관이 더 중요해집니다. 그런데 직관이라는 것도 주체적인 목표와 자기 욕망에 대한 확신이 뚜렷할 때 자연스럽게 솟아오르는 것입니다. 직관을 따르면 열린 마음과 생기, 활력, 편안함, 해방감이 따라옵니다.

반대로 자기 확신이 없으면 직관도 힘을 잃고 맙니다. 끊임없이 의심하고 회의하며 뒤돌아보기를 반복하게 됩니다. 이렇게 되면 삶의 열정마저 사라지고 맙니다. 나를 믿고 혼돈을 두려워하지 말고 불확실성과 맞서 싸울 수 있어야 삶에 대한 열정 또한 사라지지 않는 법입니다.

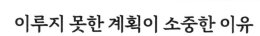

이루지 못한 계획이 소중한 이유

매년 1월 1일이 되면 그해에 이루고자 하는 목표를 적습니다. 새해 계획 수립을 하고 나면 제대로 한 해를 시작한 것 같다는 뿌듯함이 들거든요. 하지만 연말이 되어 한 해를 돌아보면 계획한 일 가운데 20퍼센트도 채 달성하지 못했다는 사실에 허무함이 밀려오지요.

목표가 높고 계획 자체가 무리였나 싶어 목표를 낮춰보지만 역시나 결과에는 큰 차이가 없습니다. 그렇다고 딱히 한 해를 불성실하게 보낸 것도 아닌데 말이죠. 이럴 바에야 신년 계획을 세우지 말까도 생각해보지만 목표도 없이 사는 것 같아 또다시 새해가 되면 계획을 세웁니다. 새해 계획 세우기, 해도 안 해도 만족스럽지 못합니다.

외국에서 시행된 연구 결과를 보니 새해 목표를 실제로 이루는 비율이 8퍼센트 정도라고 하더군요. 새해 계획 열 개를 세우면 연말에 이룬 것은 기껏해야 하나 정도라는 뜻이지요.

우리의 의지력이 약해서 그런 것일까요? 그렇지 않을 겁니다. 1월 1일에 쉬면서 다이어리에 계획을 하나둘씩 적어볼 때는 마치 다 이룰 수 있을 것처럼 느껴집니다. 그런데 현실에서 여러 가지 일에 부대끼다 보면 아무리 의지가 강한 사람이라도 계획을 모두 이룰 수는 없는 법이지요. 이건 누구에게나 해당되는 이야기입니다.

이는 공감 간극 효과Empathy gap effect를 고려하지 않은 채 계획을 세우기 때문입니다. 공감 간극 효과란 목표를 이뤄가는 자신의 통제력을 실제보다 높게 평가하는 경향을 일컫습니다. 이런저런 일에 치이면서 피로가 극도로 쌓인 상태가 되어서야 비로소 '아, 내 의지력은 여기까지구나!' 하고 제대로 인식하는 것이지요.

계획을 세울 때는 자신의 의지력은 최대한 낮게, 앞으로 생길 장애물의 영향은 최대한 크게 고려해야 합니다. 그래야 1년 내내 시달리며 살다가 연말이 되어 "제대로 이룬 게 하나도 없네. 내가 이 정도밖에 안 되나 봐"라며 괜한 자책에 빠져들지 않게 됩니다.

　우리는 목표 과잉의 시대에 스스로를 들볶으며 살고 있는지도 모릅니다. 나날이 정교해지는 현실의 유혹을 물리치면서 또 다른 무언가를 추구하며 삽니다. 그런데 이렇게 살려면 생각보다 훨씬 많은 정신 에너지를 태워내야 합니다.

　이루고자 하는 목표가 한두 가지가 아니라 아주 많다면? 그것도 짧은 시간에 성취하려고 한다면 어떻게 될까요? 담배도 끊고 싶고 살도 빼고 싶어서, 금연도 하고 다이어트도 하고 운동도 하려고 애쓰다 보면 스트레스받아서 담배는 더 피우고 싶어지고 음식은 더 당깁니다. 그리고 그러다 둘 다 실패합니다. 하고 싶은 것이 많고 되고 싶은 것이 많을수록 어느 것 하나에도 도달하지 못한 채 힘만 빠져 쓰러지고 맙니다.

　무조건 목표를 낮추고 계획을 줄이는 것이 정답일까요? 이것도 정답은 아닙니다. 어떤 사람은 너무 많은 계획과 일, 완벽에 대한 강박관념이 문제라고 지적하면서 무계획의 계획을 강조하기도 하던데요. 제 생각은 다릅니다. 계획이란 것은 그것을 꼭 완수해야만 가치가 이는 것은 아닙니다. 계획은 달성 여부와 상관없이 그 자체로 가치 있는 것입니다.

　어쩌면 인생에서 계획이란 죽는 순간까지도 그것을 다 이룰 수 없기 때문에 소중하고 의미 있는 것일지도 모릅니다. 비

168

록 계획한 것을 다 이룰 수는 없더라도 꿈조차 꾸지 않고 산다면 오늘은 내일과 같을 겁니다. 미래를 살아보지 않고도 자기 미래가 빤히 보이는 삶을 살게 될 겁니다.

이렇게 되면 삶의 윤기와 향기는 어느새 날아가 버립니다. '인생은 우리가 사는 그것이 아니라 산다고 상상하는 그것이다'라는 말도 있지 않던가요. 현실이 어떻든 내일의 삶은 지금과는 다를 것이라고 꿈꾸는 것. 그 꿈에 도달하기 위해 계획을 세우는 것. 이런 것들이 모여 우리 삶을 앞으로 또 앞으로 밀고 나가는 힘이 됩니다.

계획을 잘 세우고 싶다면 다음의 5가지 황금 법칙에 따라 계획을 세워보세요.

1. 단순한 계획

계획을 세우고 꾸준히 실천에 옮기는 것은 그 자체로 어려운 일입니다. 예를 들어 책을 쓰기로 마음먹었다면 '하루도 빠지지 않고 매일 글을 쓰겠다.' 같은 단순한 계획이 좋습니다. '글을 쓰는 틈틈이 출판사도 알아보고 책에 넣을 사진도 찍어야지.' 이렇게 세부 계획을 하나둘씩 늘여가면 백발백중 실패합니다. 부담만 늘어나서 지속하기 힘들어지고요. 계획을 생각하면 마음만 무거워집니다. 그냥 단순하게 '나는 매일 글을 쓰겠다'고 해야 합니다. 이것이 가장 완벽한 계획입니다.

2. 장기 계획

목표를 향해 올바르게 가고 있는지 확인할 수 있는 지표가 있어야 합니다. '한 달 동안 A4 용지 10장을 완성할 것이다.' '석 달이 되면 한 챕터를 완성할 것이다.' '일 년 안에 초고를 완성할 것이다.' 이런 구체적인 시간과 목표량을 정확히 해두어야 합니다. 막연하게 "일 년 안에 어떻게든 되겠지"라는 것은 제대로 된 계획이 아닙니다.

3. 현실적인 계획

글을 써서 책을 내고 싶은데 전업 작가가 아니라면 현실적인 제약이 많을 수밖에 없죠. 낮에는 직장생활을 해야 합니다. 회사에 매인 몸이니 글을 쓰기 위한 취재나 영감을 얻기 위한 여행도 쉽게 떠날 수 없을 겁니다. 하루종일 회사에서 시달리고 오면 피곤해서 글을 쓸 여력이 하나도 남아 있지 않을 겁니다. 이럴 때일수록 현실적인 계획을 세워야 합니다. 높은 목표를 잡지 마세요. 현실적인 제약을 미리 충분히 고려해 두어야 합니다. 회식도 있을 테고 야근도 있을 테고 주말에도 시간을 내기 어려울 수 있습니다. '아무리 지치고 힘들어도 하루에 A4

한 장은 채우겠다'라거나 '퇴근하고 오면 피곤하니 아침에 30분 일찍 일어나서 글을 쓰겠다'라거나 '일요일 오전은 무슨 일이 있어도 3시간 글을 쓰겠다'라고 현실 가능한 목표를 세워야 합니다.

4. 성향과 어울리는 계획

뇌세포들이 하루일과에 지쳐버리기 전 아침 시간에 일정량의 일을 끝내놓겠다는 계획은 그 자체로 아주 좋습니다. 하지만 당신이 체질적으로 올빼미형 인간이라면 새벽에 일어나 맑지 않은 머리로 글을 쓰기는 어렵습니다. 그냥 멍하니 앉아 있을 확률이 큽니다. 결국 글도 못 쓰고 수면 부족에 시달리고 말 겁니다. 올빼미형 인간이라면 새벽보다 저녁이나 밤에 작업에 몰두할 수 있도록 계획을 세워야 합니다. 자기 성향과 어울리는 계획을 세워서 최고의 성과를 낼 수 있도록 해야 합니다.

5. 머릿속에 계획 떠올리기

계획을 주기적으로 떠올리고 진행 상황을 점검하세요. 적어도 처음에는 일주일에 한 번씩 확인해야 합니다. 일주일에 한 번 정도 다음 두 가지 질문으로 진행 상황을 점검해봅니다.

– 하루 계획을 잘 지키고 있는가?

– 장기 계획에 잘 따라가고 있는가?

만약 '아니요'가 나오면 추가적인 노력을 기울여야 합니다. 어쩔 수 없이 계획을 수정해야 한다면 처음 세웠던 계획을 조정합니다.

목표를 향해 폭주하지 않으려면

목표를 달성하기 위해 현재 행동을 변화시키는 것. 이건 무척 어려운 일입니다. 나이키의 슬로건처럼 '일단 해 봐 Just do it'라고 해서 이뤄지면 좋겠지만 현실에서는 실패할 가능성이 높죠. 구체적인 목표, 달성 가능한 목표를 세우는 데 신중하게 접근하지 않은 채 의지력만 믿고 덤벼들면 실패합니다. 그리고는 자책하는 사이 의욕은 꺾이고 맙니다.

야심 찬 목표를 세우는 것도 중요하지만 목표에 이르는 과정을 세분화하고 그 과정에서 발생하는 장애물을 어떻게 해결할지 미리 마음속에서 그려보고 대책을 세우는 것이 중요합니다. 실현 가능성을 높일 수 있도록 말이지요.

목표를 이루는 과정이 결코 즐겁지만 않을 것이라는 사실을 받아들여야 합니다. 자동차를 뒤에서 밀어 움직이게 할 때 처음에는 무척 힘들지만 차가 움직이기 시작하면 나중에는 적은 힘으로도 앞으로 쑥 나가게 됩니다. 어렵더라도 시작해서 밀고 나가다 보면 어느 순간부터 쉽게 쭉쭉 뻗어나갑니다.

변화는 시간 흐름에 따라 우상향 직선이 아닌 J자의 곡선 형태로 나타납니다. 한동안은 힘만 들고 오히려 퇴보하는 것처럼 느껴지겠지만 어느 순간 폭발적인 상승이 J자를 그리며 나타납니다. 힘들어도 꾸준히 지속하면 어느 순간 목표에 와닿아 있다는 걸 깨닫게 되죠.

계획을 잘 세우는 방법 중 하나는 매일 실천할 수 있을 만한 분량으로 목표를 잘게 쪼개는 일입니다. 인지행동치료에서 자주 활용하는 기법 중 하나도 '과제 분할'입니다. 우울증 환자는 의욕이 없기 때문에 아무리 쉬워 보이는 계획을 세워도 막상 실천하기 어렵습니다. 때문에 목표에 이르는 과정을 아주 작은 단위로 쪼갭니다. 그러면 의욕이 전혀 없는 상태에서도 일을 시작할 수 있습니다.

예를 들어 오래 취업 준비만 하느라 친구와 연락이 끊긴 사람이 다시 친구와 연락하고자 하는 목표가 생겼다고 했을 때 아래와 같이 과제를 잘게 쪼개어 생각할 수 있습니다.

- 연락이 끊어진 친구들 리스트 만들기

- 친구들의 전화번호와 이메일 주소를 최대한 많이 수집하기

- 연락할 친구 한 명 혹은 두 명 선택하기

- 연락할 날짜와 시간 그리고 연락 방법 정하기

- 이메일이나 문자 보내기

- 또 다른 연락할 친구 고르기

목표가 없는 삶은 생존 불안에 허덕이게 만들고 나의 정체성마저 위협합니다. 목표를 이루는 과정에서 삶은 충족되며 행복은 그 과정에서 얻어집니다. 그렇게 꾸준히 가다보면 삶의 의미도 나라는 사람이 누구인가, 하는 물음에 대한 답도 자연스럽게 떠올릴 수 있습니다.

목표를 잘 이루기 위해서는 가치관과 부합하면서도 현실성 있는 계획이 필요합니다. 이상과 현실의 균형을 맞춘 계획을 세우려면 실제 생활과 이상적으로 생각하는 삶의 모습을 비교해볼 필요가 있습니다. 간단히 체크해볼 수 있는 방법을 알려드립니다.

A4용지를 한 장 준비 하세요. 그리고 반으로 접으세요. 왼쪽, 오른쪽에 같은 크기의 원을 그립니다. 왼쪽 원에 아래의 7가지 영역에 대해 지금의 실제 생활에서 시간과 에너지를 쓴 정도에

따라 원을 나눕니다 (파이를 나누 듯이요). 요즘 내가 하루 시간을 어떻게 활용하고 있는지 알 수 있도록 원을 분할해 보세요.

일/학교

친구

가족

건강 돌보기

집안일

오락/취미/문화

사회/봉사 활동

오른쪽 원은 내가 이상적으로 생각하는 생활에 따라 구역을 나눠보세요. 그리고 왼쪽의 실제 생활과 오른쪽의 이상적 생활을 비교해보세요.

그리고 다음 질문을 해 보세요.

실제 삶의 영역 중에서 변화시키고 싶은 것이 있나요? 삶을 더 조화롭게 만들려면 어떤 변화가 필요한가요? 그렇게 변하면 내가 더 행복해질까요?

어떤 사람은 "일을 조금 덜 하고 싶어요. 친구들과 시간을 보내고 운동도 하고 봉사 활동도 하고 싶어요."라고 할 겁니다.

그렇다면 이상적인 원에서는 어떻게 표현되어야 할까요? 무엇을 줄이고 무엇을 늘여야 할지 스스로 결정해야 합니다. 그렇게 변하게 되면 어떤 점이 좋아질까요? 반대로 잃게 되는 것은 없을까요? "운동 시간을 늘이면 건강해지겠지만 가족과 보내는 시간일 줄어들어요"라고 할 수도 있으니까요.

변화시켰을 때 이득이 될 만한 것, 혹은 잃게 되는 것을 각각 기록해보세요. 그리고 난 뒤 A4 용지를 새로 꺼냅니다. 새 원을 그리고, 실제로 변화시킬 수 있는 것 그리고 그렇게 했을 때 이득이 손해 보다 더 많은 것을 반영해서 다시 원을 나눠봅니다. 이렇게 나눠진 원은 이상과 현실의 균형을 맞춘 계획이 됩니다. 이제 남은 것은 실천. 실천해보고 자신의 예상이 맞았는지 점검해보세요.

세 번째 마음공부 :

우울증,
떠도는 정보의 독배를
피할 것

우울증 선별 도구(PHQ-9)

지난 2주간, 아래 증상을 얼마나 자주 느꼈는지 체크해보세요.

		전혀 아니다	여러 날 동안	일주일 이상	거의 매일
1	일을 하는 것에 대한 흥미나 재미가 거의 없음	0 ☐	1 ☐	2 ☐	3 ☐
2	가라앉은 느낌, 우울감 혹은 절망감	0 ☐	1 ☐	2 ☐	3 ☐
3	잠들기 어렵거나 자꾸 깨어남, 혹은 너무 많이 잠	0 ☐	1 ☐	2 ☐	3 ☐
4	피곤감, 기력이 저하됨	0 ☐	1 ☐	2 ☐	3 ☐
5	식욕 저하 혹은 과식	0 ☐	1 ☐	2 ☐	3 ☐
6	나 자신이 나쁜 사람이라는 느낌 혹은 나 자신을 실패자라고 느끼거나, 나 때문에 나 자신이나 내 가족이 불행하게 되었다는 느낌	0 ☐	1 ☐	2 ☐	3 ☐
7	신문을 읽거나 TV를 볼 집중하기 어려움	0 ☐	1 ☐	2 ☐	3 ☐
8	남들이 알아챌 정도로 거동이나 말이 느림. 또는 반대로 너무 초조하고 안절부절 못해서 평소보다 많이 돌아다니고 서성거림	0 ☐	1 ☐	2 ☐	3 ☐
9	나는 차라리 죽는 것이 낫겠다는 생각 혹은 어떤 식으로든 스스로를 자해하는 생각들	0 ☐	1 ☐	2 ☐	3 ☐

아홉 개 문항 점수를 합한 총점이 5점 이상이면 우울증을 의심할 수 있고 10점 이상이면 정신건강 전문가와 상담을 권합니다.

꼭 알아두어야 할 것은 이 검사는 우울한 정도를 스스로 알아보기 위함이라는 사실입니다. 정확한 진단은 의사에게 진료를 받아야 합니다.

아픈 줄도
모르고 살아가는

요즘 어른을 위한
마음공부

우울증은 마음의 감기가 아니다

우울증은 열 명 중 한 명이 걸립니다. 우리나라 통계가 그렇습니다. 다른 나라도 비슷합니다. 세상 사람 누구나 살다 보면 우울증에 걸릴 수 있다는 뜻입니다. 흔한 질병이다 보니 관련 정보도 넘쳐나지요. 클릭 몇 번이면 진단부터 치료까지 다 알 수 있을 정도니까요. 그런데도 여전히 사람들은 의뭉스럽게 묻습니다. "우울증, 도대체 그게 어떤 병인가요?"

우울장애의 진단 범주는 넓어서 진료 시간이 짧으면 의사가 환자의 궁금증을 다 풀어주기 어렵습니다. 이거다, 저거다 발병 이유를 딱딱 짚어주지 못한다는 의미입니다. 경과를 지켜보는 과정에서 진단이 바뀔 때도 있고요. '이 의사를 믿어도 될까?' 의심하는 환자도 아마 적지 않을 겁니다.

　근본적으로 우울증에 대해 아는 것보다 모르는 게 더 많기 때문에 이런 상황이 벌어집니다. 의학이 눈부시게 발전했지만 뇌는 여전히 미지의 영역이죠. 마음은 게다가 보이지도 않습니다. 그래서 100% 정확하게 진단하고 치료한다는 건 불가능합니다. 그렇다고 덜커덕 겁먹을 필요 없습니다. 알려진 사실만이라도 정확히 숙지하면 되니까요. 널리 알려진 이야기라도 정확한지 아닌지 따져 보는 치밀함도 필요합니다.

　우울증을 마음의 감기라고 하는데 저는 그 말을 좋아하지 않습니다. 우선 우울증은 감기처럼 일주일 만에 낫는 병이 결코 아닙니다. 침대에 누워서 푹 쉬면 저절로 좋아지는 병이 아닙니다.

　우울증은 차라리 골절상과 더 비슷합니다. 다리뼈가 부러지면 함부로 움직이면 안 되죠. 하지만 절상 환자가 얼음찜질하고 누워만 있으면 전처럼 뛰어다닐 수 있을 거라 낙관해서도 곤란하고요. 재활 훈련이 필수입니다. 우울증도 마찬가지입니다. 마음 근육을 키워야 합니다. 뼈가 또 부러지지 않게 골밀도를 높여야 하는 것처럼 우울증도 재발을 막으려면 심리적 밀도를 키워야 합니다.

　우울증은 유전자와 뇌 기능의 변화 등 보이지 않는 생물학적 요인부터 개개인의 성장 경험, 부모와의 관계, 어린 시절부터 현재까지의 환경과 인간관계 그리고 사회문화적 요인이 모두 관련되어 발생합니다. 단 한 가지 요인으로 환원될 수 없는 이유입니다.

살면서 겪는 수많은 일이 우울증을 일으킵니다. 실직과 퇴직, 경제적 난관, 부부 불화, 자녀와의 갈등, 난치병 진단, 교통사고 등 충격을 주는 문제들은 누구에게나 생길 수 있습니다. 나쁜 사고 한번 없이 인생을 산다는 건 불가능하지요. 우울증이라는 질환의 관점에서는 이렇게 외부적인 환경에서 발생한 사건으로 받는 스트레스를 일컬어 '일차적 문제Primary problem' 라고 부릅니다.

문제는 스트레스 그 자체가 아닙니다. 환자가 스트레스를 주는 상황에 직면했을 때 어떻게 행동하느냐가 우울증 치료에서 초점을 맞춰야 할 핵심입니다. 삶에 던져진 스트레스에 대응하려고 취하는 행동이 오히려 부정적 감정을 강화할 수 있고 그렇게 시간이 흐르면서 우울증이라는 질환이 발병할 위험이 커질 수 있습니다.

살면서 일차적 문제에 압도당한 사람은 꼼짝 못 한 채 자기 자신을 놓아버리기 쉽습니다. 혼란스러운 마음을 진정시키려고 아무것도 하지 않은 채 혼자 있으려 하는 건 자연스러운 반응입니다. 고민에 빠지는 것도 당연합니다. 왜 직장을 잃게 되었는지 왜 건강이 나빠졌는지 왜 사고가 생겼는지 자꾸 고민하는 건 사고하는 동물인 인간의 본성이니까요. 문제를 되돌아보고 반성하는 것도 우리 마음의 보편적인 구동 방식입니다. 문제는 이런 자연스러운 반응이 반복되고 강화될수록 우울증이 발병할 위험이 커진다는 겁니다.

이렇듯 생각하고 또 생각해서 문제를 해결하고 싶어지는 것이 당연하지만 스트레스가 닥쳤을 때 나타나는 이런 행동 반응들이 우울증을 일으키는 진짜 원인이라는 점을 알아야 합니다. 일차적 문제가 생겼을 때 우울증을 유발하는 개인의 행동 반응을 일컬어 '이차적 문제Secondary problem'라고 합니다.

스트레스를 받는다고 잠만 자는 게 이차적 문제입니다. 스트레스가 생겼을 때 '난 안 돼'라고 자책하는 것도 이차적 문제입니다. 고통을 잊으려고 술을 마시는 것, 온종일 방안에 틀어박혀 게임만 하는 것, 사람을 만나지 않고 고립되어 생산적인 활동을 하지 않고 '나에게 왜 이런 문제가 생겼을까?'라는 생각에만 빠져 있는 것. 모두 이차적 문제입니다. 우울증 치료에서 가장 중요하게 초점을 맞춰야 하는 것이 바로 이런 이차적 문제인 것이죠.

정리하자면 일차적 문제는 외부에서 발생하여 개인이 통제할 수 없는 것들을 뜻하고 이차적 문제는 일차적 문제에 대처하며 나타내는 비효율적인 행동 반응에서 비롯됩니다. 일차적 문제를 맞닥뜨린 모든 사람이 우울증에 걸리지는 않지만 이차적 문제가 생기면 우울증에 빠지고 맙니다. 보통 우울증에 걸리면 일차적 문제에 매몰되어 있기 쉽지만 실은 나를 옭매고 있는 이차적 문제들을 살펴봐야 합니다. 눈먼 황소의 뿔에 받쳐도 꿋꿋이 살아날 가능성은 여기에서부터 시작됩니다.

일차적 문제는 대체로 금방 해결되지 않습니다. 노력한다고 해결되지 않는 경우가 많다는 뜻이죠. 우울증에 빠져 있다면 일차적 문제를 감당할 수도 없고 그런 상태에서 해결하려고 덤벼들면 오히려 실패할 가능성만 큽니다. 아니, 실패할 수밖에 없습니다. 우선은 이차적 문제 즉 우울증을 일으키는 자신의 행동 반응으로 무엇이 있는지 알아차리고 거기서 벗어나야 합니다. 일차적 문제는 그 이후에 해결할 수 있으니까요.

우울증에서 벗어나기 위한 열쇠는 행동에 있습니다. 우울증 치료는 우울증 환자의 행동이 자기 의도와는 다르게 자신을 더 무기력하게 만든다는 것을 이해하는 데서 출발합니다. 기쁨과 충족감을 느낄 수 있는 활동이 늘어나서 진정으로 자신이 원하는 삶을 재구성하게 하는 것이 우울증 치료의 목표입니다.

정신 바짝 차리고 버티기 위해서는 감정을 다스리고 자신을 위로하는 법을 잘 알고 있어야 합니다. 한겨울을 나기 위해 내복을 입는 것처럼, 한여름 햇볕에 그을리지 않게 선크림을 바르는 것처럼 내 마음을 지키기 위한 보호법이 필요합니다. 괴롭고 힘들 때, 스트레스 때문에 미칠 것 같을 때 겁먹지 말고 스스로 마음을 다잡을 수 있도록 말입니다.

진단 기준을 정확히 아는 것부터

우울증의 공식적인 진단명은 주요우울장애라고 하며 한 번의 우울증 시기를 우울증 삽화라고 부릅니다. 우울증은 아래 증상 중 적어도 5가지(또는 그 이상)가 2주 연속으로 지속되며 이전의 기능 상태와 비교해 변화를 나타낼 때 진단됩니다. 또한 최소 5가지 증상 가운데 적어도 하나는 ①이나 ②여야 합니다.

① 하루 중 대부분, 매일 지속되는 우울한 기분 혹은 슬픔

② 이전에는 즐거웠던 활동에 대한 흥미나 기쁨 상실

③ 식욕의 현저한 변화(식욕 감퇴 혹은 증가)나 체중 변화(1개월 동안

5% 이상)가 일어남

④ 불면 혹은 과다 수면

⑤ 불안, 초조 혹은 안절부절못함. 혹은 생각과 행동이 느려짐

⑥ 피로감와 에너지의 소실

⑦ 자신에 대한 무가치한 느낌과 부적절한 죄책감

⑧ 생각하고 집중하기가 어려움. 결정 내리는 데 어려움

⑨ 반복적인 죽음에 대한 생각이나 자살 사고 또는 자살 시도

①부터 ⑨까지의 증상 중에서 5개 이상이 온종일 나타나거나 또는 2주 이상 지속되는 경우 주요우울장애라고 진단합니다. 우울장애의 진단 기준에 부합하고 이런 증상들 때문에 직장이나 학교생활에 어려움을 느낀다면 정신과 진료를 받을 필요가 있는 것이죠.

물론 섣불리 위의 진단 기준만 가지고 스스로 우울증이라고 진단 내려서도 안 됩니다. 진단 기준은 공식적으로 정해놓은 조작적인 기준일 뿐 정식 우울증 진단은 정신과 의사와의 상담으로 결정됩니다. 심리검사나 뇌파검사, 심박변이도 검사 같은 생리적 변화도 측정할 수 있지만 이는 어디까지나 의사의 진단적 판단을 보조하는 근거로 활용됩니다. 가족과의 면담이나 주변 사람들이 전해주는 환자의 변화에 대한 정보도

중요하고요.

진료실 책상 앞에 앉은 우울증 환자가 억울하다는 듯이 "나는 우울하지도 않은데 왜 우울증이라고 하시는 거예요?"라고 반문한 적 있습니다. 이 환자는 피로감이 자꾸 몰려들어서 종합건강검진을 받았는데 몸에는 아무런 문제가 없었습니다. 내과에서 진료를 받았지만 증상은 나아지지 않았고요. 병원을 몇 군데나 돌아다녔고 원인도 특효약도 찾지 못했는데 마지막으로 진료했던 의사가 정신과에 가보라고 해서 저를 찾아온 것이었습니다.

마음이 아니라 몸이 아프다는 우울증 환자가 많습니다. 뚜렷한 원인 없이 '가슴이 답답하다, 머리가 아프다, 소화가 안 된다'는 증상으로 여러 병원에서 진료를 받아도 도통 낫질 않는다면서요. "더 이상 찾아갈 곳이 없어서 마지막이라는 심정으로 정신과에 왔어요"라는 환자도 종종 봅니다.

신체적으로 건강하다는 판정을 받는데도 '혀가 뜨겁다. 이마에서 줄로 당기는 듯한 통증이 느껴진다. 왼쪽 종아리 아랫부분이 찌릿찌릿하다. 머리에 뿌연 안개가 낀 것 같다. 흐릿한 게 눈앞에서 어른거린다'처럼 특이한 증상에 시달린다면 마음의 문제를 살펴보면 좋겠습니다. 객관적인 검사 결과만 보면 통증이 심할 것 같지 않은데도 주관적으로는 고통이 극심하다면 우울증이 겹쳐져서 그런 것일 수 있고요. 반대 경우로 3개월 이상 만성 통증에 시달리다 보면 우울증이 발생할 위험이 커집니다.

성인 남녀의 우울증 평생 유병률은 각각 5~12%와 10~25%입니다. 전체 인구의 25%는 살면서 우울증을 한 번쯤 겪습니다. 이렇게 흔한데도 자신이 우울증에 걸린 줄도 모르는 환자가 많습니다. 우울증의 자기 인식률은 50%를 밑돕니다. 그래서 많은 우울증 환자들이 항우울제가 아닌 안정제나 수면제만 복용합니다. 근거가 부족한 치료에 매달리기는 사례도 드물지 않죠. 우울증 환자 중 적절한 의학적 진료를 받는 비율은 6%에 불과한 것으로 알려져 있어 안타깝습니다.

우울증이라는 이름 때문일 텐데, 우울증 환자는 당연히 우울한 기분에 푹 젖어 있을 거라고 생각하기 쉽지만 실제로는 그렇지 않습니다. 실제로는 우울감 없는 우울증Depressio sine depressione 환자가 많습니다. 제 임상 경험에 비춰보면 "나는 지금 우울해서 미칠 것 같아요"라는 환자보다 "감정이 무뎌졌어요. 좋은 것도 싫은 것도 느껴지지 않아요"라고 호소하는 사례가 더 많습니다. 취미에 대한 관심이 싹 사라지고 친구가 재밌다며 권한 영화를 봐도 아무런 감흥이 느껴지지 않는다고 하는 식입니다. 총천연색 컬러 텔레비전이던 세상이 흑백 무성

영화처럼 보이는 것으로 설명할 수 있겠습니다.

우울증에 걸렸다고 기분이 계속 우울한 건 아닙니다. 베스트셀러였던 책 제목처럼 죽고 싶을 만큼 우울한데도 떡볶이는 먹고 싶은 것처럼요. 비정형 우울증Atypical depression에서 흔한 양상입니다. 이런 유형의 환자는 언뜻 봐선 멀쩡해 보이고 곧잘 웃기도 해서 우울증이 없는 것처럼 보입니다.

업무 스트레스가 오래 쌓이면 소진 증후군 소위 말하는 번아웃이 찾아옵니다. 초기에는 우울하다고 느끼지만 나중에는 이런 감정조차 사라집니다. 번아웃에 빠진 직장인은 "집중력이 약해졌어요. 자꾸 깜빡깜빡해요"라며 인지기능 저하 때문에 더 괴로워합니다. 우울해서 괴로운 게 아니라 제대로 일 처리를 못 할까 봐, 그러다 업무 실수가 생길까 봐 불안해하는 거죠. 일상을 제대로 살아내지 못하고 있는데도 '우울한 기분이 느껴지지 않으니까 나는 우울증에 걸린 건 아니야'라고 단정해선 안 됩니다.

우울증 체크리스트를 믿지 마라

"선생님, 저 우울증인 것 같아요." 20대 여성이 제게 찾아와 이렇게 말합니다. 인터넷에 떠도는 체크리스트로 검사를 했더니 우울증이라고 나왔다고 합니다.

우울증 체크리스트 즉 우울증 선별 검사를 함으로써 얻는 이득도 분명 있겠지만 우울증 선별 검사는 정확한 진단과 효과적인 치료, 추적 관찰이 확보되는 의료 시스템 내에서 행해져야만 합니다. 정신건강 전문가의 후속 관리 없이 우울증 선별만 이루어지는 것은 효과적이지 않기 때문입니다.

체크리스트 설문을 활용한 우울증 선별 검사가 효과적이려면 그 결과에 따른 후속 관리 체계가 반드시 필요합니다. 무엇보다 우울증 선별 검사의 위음성(음성이 아닌데 음성 판정이 내려지는 경우) 문제 때문입니다. 우울증 선별 검사로 널리 활용되는 '벡의 우울척도BDI, Beck Depression Inventory'의 민감도, 특이도는 각각 0.9, 0.7 수준입니다. 일반 인구에서 유병률을 10%로 간주하면 위음성이 100건에 하나가 발생합니다. 즉 선별검사를 했을 때 우울증인데 우울증이 아니라고 나올 가능성은 100건의 검사에서 1건이 나온다는 얘기인 것이죠.

제 임상을 기준으로, 우울증 선별 검사에서 양성 반응이 나오더라도 정확한 평가와 진료를 위한 추가적인 상담 권고를 제안했을 때 거부하는 사례가 20% 정도 생겼습니다. 환자의 자기 결정권을 존중해야 하지만 이런 경우 환자에게 어떻게 정신건강 서비스를 제공해야 하는지에 대한 지침이 아직 없는 것이 현실입니다.

한편 위음성은 낮게 나오지만 위양성(양성이 아닌데 양성 판정이 내려지는 경우)은 매우 높은 수준으로 나옵니다. 계산에 따르면 우울증 선별 검사에서 위양성이 나올 가능성은 100건에 17번이 발생합니다. 우울증 선별 검사에서 위양성은 두 가지 의미가 있는데요, 우선 우울증이 없는데 우울증이 있는 것으로 잘못 낙인찍어 부정적인 인식을 심어줄 수 있는 리스크가 있습니다. 그리고 두 번째로는 우울증 진단 기준에는 충족하지 않는 심리적 고통의 존재입니다. 역치 이하의 우울증이나 전반적인 심리적 고통이 크더라도 우울증이라는 질환 상태를 의미하는 것은 아니라는 뜻이죠. '나는 우울하고 괴롭다'고 하더라도 임상적으로 보면 우울증이라는 질환 상태는 아닌 정도를 의미하는데, 이런 경우 약물치료 보다는 심리 사회적 개입이 더 적합할 수 있습니다.

자필로 이루어지는 우울증 선별 검사는 한계가 있습니다. 정신건강 전문가의 평가 없이 자가 보고 설문으로 우울증이라고 판단하는 것은 위험하며 체크리스트로 진단을 대신하는 것은 있어서는 안 될 일입니다. 인터넷에 떠도는 체크리스트 검사에 너무 의존하여 그 결과를 진단으로 받아들지 말아야 합니다.

한때 제가 진료했지만 지금은 다른 정신과 선생님께 치료 받고 있는 환자가 분명 있습니다. 반대로 다른 선생님이 보던 환자인데 지금은 제가 치료하고 있는 사례도 있고요. 그 선생님도 그렇겠지만 저도 내담자에게 이렇게 묻습니다. "다른 정신과 선생님은 뭐라고 진단하시던가요?"

우울증, 공황장애, 불안장애 등 다양한 진단명이 나옵니다. "뭐라고 딱 부러지게 말씀을 하지 않던데요"라는 대답도 있고요. 이 정도는 충분히 예상할 수 있습니다. 그런데 두 명 이상의 정신과 선생님에게 진료를 받았는데 "진단이 다르던데요" 라고 의문을 표하거나 정신과에 갈 때마다 진단명이 달라진다는 환자도 있습니다. 의사의 진단 능력이 떨어져서 그런 것일까, 의심하는 사람도 있을 수 있지만 사실 그보다는 더 근본적인 이유가 있습니다.

정신과 진단은 의사의 판단에 따라 최종적으로 내려지며 MRI 검사나 조직 검사처럼 객관적인 검사 도구에 의해서 확실하게 판정 나는 것이 아닙니다. 인공지능이 삶에 깊숙이 들어온 세상에서 이런 방식으로 진단하다 보니 어느 정도의 오차가 발생할 수밖에 없습니다. 때문에 의사에 따라 증상을 다르게 말할 수 있고 다른 의사를 만날 때마다 조금씩 다른 객관적인 징후가 나타날 수 있습니다. 진단의 근거가 매번 달라지기 때문에 진단명도 달라질 수 있는 것이죠.

정신과 진단분류와 기준은 계속 바뀌는데 이는 앞으로도 바뀔 겁니다. 일반인에게도 널리 알려진 DSM이라는 진단분류 체계는 1952년 처음 발행되어 2013년에 나온 DSM-5까지 총 7번 개정됐는데 그때마다 정신질환의 정의와 진단 기준이 달라졌습니다. 무엇보다 질환의 개수가 늘어났지요. 처음 DSM-I이 발행됐을 때는 106개의 정신질환이 언급되었는데 2013년에 발표된 DSM-5에서는 약 300개까지 늘었습니다.

세상이 많이 아픈 걸까요? 반세기가 흐르는 동안 정신질환도 세 배 가까이 늘어났다는 건 의미하는 바가 큽니다.

진단 기준도 바뀌고 진단 기준을 구성하는 증상 표현도 다양하고 의사가 포착하는 징후도 다를 수밖에 없고 결정적으로 그것이 어떤 기준에 부합하는지 판단하는 것은 기계가 아닌 의사가 하는 일이니 진단에는 어느 정도의 오차가 생길 수밖에 없습니다. 물론 조현병처럼 전형적이고 대표적인 정신과 질환은 오히려 진단이 쉬울 수도 있죠. 하지만 우울, 불안 같은 정서 증상이 주된 문제라면 진단이 모호할 때도 왕왕 있습니다.

게다가 우울증은 진단이 일정치 않을 때가 많습니다. 다른 정신질환이 우울증과 흔하게 공존하기 때문입니다. 우울증에는 성격장애부터 주의집중력장애, 충동장애, 불안장애, 식이장애, 알코올 및 약물 남용 등 다양한 정신과 문제가 동시다발적으로 일어납니다. 우울 증상이 주된 호소라면 우울증이라고 진단될 가능성이 크지만 어떤 상황에서는 음주 문제가 두드러질 수 있고 그럴 경우 '알코올 의존증'이 주 진단이 되는 것이지요. 우울증을 앓고 있던 환자가 차를 타고 가다가 갑자기 공황발작이 생겨서 응급실에 갔다면 '공황장애'라는 진단이 추가됩니다. 우울증 환자가 부모님과 싸우고 대인관계에서도 지속적으로 문제가 생겨서 상담하러 갔다가 성격에 문제가 있다는 이야기를 전해 듣는다면 그 의사는 암묵적으로 '성격장애' 진단을 마음속에 품고 있을 가능성이 큽니다.

내과 질환이 있어도 우울증 발생 위험이 커집니다. 한 개의 내과 질환이 있다면 우울증 발생 위험이 2.22배 높아지고 두 가지 이상의 내과 질환이 있으면 3.9배 높아집니다. 당뇨, 심혈관계 질환이 있으면 질환이 없는 사람보다 우울증에 걸릴 확률이 두 배 더 높습니다. 만성 폐쇄성 폐 질환은 우울증 발생 위험이 3배 이상 커지고요.

우울증은 종종 다른 정신과적 혹은 신체적 질환과 공존합니다. 심장 질환이 있는 사람의 50%, 암에 걸린 사람의 25%, 그리고 중풍을 앓은 사람의 10~27%에서 우울증이 생기죠. 이외에도 허리디스크나 골절이 생겨도 우울증 발생 위험이 커지는데 이런 경우 활동성이 저하되면서 기분이나 의욕까지 저조해지기 때문입니다. 만성 통증 환자도 계속 고통에 시달리다 보면 지치고 무력감을 느끼면서 우울증이 발생하기 쉽습니다.

정신질환은 참으로 변화무쌍합니다. 같은 진단이 붙은 정신질환이라도 서로 다른 양상과 원인을 보이는가 하면, 서로 다른 정신질환에 같은 원인이 관여합니다. 생물학뿐만 아니라 사회문화적인 요인이 정신질환의 발생에 상당한 영향을 끼치고요. 그러니 정신과 문제가 있는 개인만 붙들고 봐서는 정확한 진단을 내리지 못하는 경우도 흔합니다. 가족을 보고 그 사람이 소속된 집단을 보고 더 크게는 사회를 봐야만 정신적인 문제가 무엇인지, 진짜 문제가 있는지 알 수 있습니다.

버려야 할 네 가지 마음 습관

우울증을 부르는, 그래서 버려야 하는 네 가지 마음 습관 중 첫 번째는 억압입니다. 억압을 인식하고 표현하지 못하는 것을 '감정표현 불능증'이라고 하는데요, 감정표현 불능증이 있는 사람은 감정을 억누르고 언어화하지 못합니다. 이런 사람들은 감정을 있는 그대로 받아들이는 것을 두려워합니다. 우울감이나 불안을 느끼면 다른 생각을 하거나 딴짓을 해서 주의를 분산시키곤 하죠. 마치 자신은 이런 부정적 감정을 느끼지도 않는 척하며 짐짓 행동하는 것입니다.

감정 경험으로부터 자신을 보호하기 위해서 과도한 지식화 Intellectualization를 보이기도 합니다. 감정을 마치 자신의 이성적인 생각을 설명하듯 표현하는 건데 솔직한 기분을 이야기해 달라고 하면 주제에서 벗어난 이야기만 늘어놓는 식입니다.

이렇게 내면에 쌓인 감정은 신체 증상으로 표출됩니다. 스트레스성 두통이나 스트레스성 위장장애의 근본 원인 중 하나가 바로 감정표현 불능증이거든요. 유독 우리나라에만 많다는 화병은 감정을 드러내지 않고 억눌러야 한다는 전통적인 문화의 영향 탓이기도 합니다.

두 번째는 회피입니다. "요즘 자꾸 짜증이 나요. 사소한 일에도 화가 나고요"라고 말해본 적 있다면 왜 짜증이 나는지, 왜 예민해진 것인지 원인을 생각해봐야 합니다. 진부한 비유가 되어버렸지만 심리적 회피를 이야기할 때 꼭 나오는 말이 있습니다. 바로 '타조가 되지 마라'인데요, 타조는 사자를 보면 모래 웅덩이 속에 자신의 머리를 콕 박아버린다고 하죠. 사자가 나타나면 어디로 도망가야 할지 주위를 관찰해야 하는데 모래 속에 머리만 숨긴 채 사자가 눈에 보이지 않으니 괜찮다는 양 행동합니다. 안타깝지만 우리도 타조와 비슷한 행동을 자주 합니다.

심리적 회피는 행동적인 것과 인지적인 것으로 나눌 수 있습니다. 행동적인 회피에는 무기력의 악순환을 일으키는 게임, 술, 잠으로 도피하는 것이 해당합니다. 모두 문제를 풀려고 하지 않고 도망가기만 하는 회피 행동에 해당하는데 무기력이 점점 더 깊어질 수밖에 없습니다.

두 번째 심리적 회피는 인지적인 것입니다. "과거의 트라우마 때문에 무기력하다. 그게 해결되기 전에는 방에서 절대 나올 수가 없다"라고 말하는 식입니다. 당장 해결할 수 없는 문제에 얽매여 아무리 고민하고 걱정해도 답이 나올 수 없는데 생각에만 몰두하는 것이죠. 생각 속으로 도피하는 것에 불과한데도 그것이 마치 무기력을 떨쳐버리기 위한 노력이라고 믿는데 이 역시 무기력을 악화시키는 심리적 회피일 뿐입니다.

무기력을 해결하기 위해서는 심리적 회피를 인식하고 그것을 멈추어야 합니다. 해결하기 어려운 문제에 집착할 것이 아니라 우선 내 안에서 심리적 회피가 어떻게 작동하고 있는지 냉정하게 이해하는 일이 필요합니다. 심리적 회피를 멈추기만 해도 무기력에서 벗어나기 위한 큰 발걸음을 시작한 것이나 다름없습니다.

우울증 환자가 회피 행동을 보이는 중요한 이유는 흥미 감소와 의욕의 저하 때문이지만 이외에 숨겨진 다른 결정적 요인이 있는데 바로 문제 해결 능력의 저하입니다. 우울증으로 인해 전두엽 기능이 저하되면서 문제를 정의하고 해결하려는 방안이 머릿속에 잘 떠오르지 않는 겁니다. 우울증 환자에게서 인지 장애가 동반된다는 것은 잘 알려진 사실인데 결정과 수행 능력의 장애는 우울증, 양극성장애 환자 모두에게서 관찰되고 있습니다.

우울증이 새어나올 틈을 막고자 항상 바쁘게 산답시고 중독에 빠지는 건 심각한 악순환의 고리에 빠지는 것입니다. 술이나 약물, 성관계, 도박, 일에 중독되어 슬픈 감정으로부터 도망치려는 것인데 이런 중독 행동은 일종의 회피 행동입니다. 일시적으로 기분을 좋게 만들기 때문에 벗어나기 힘들뿐더러 중독 행위가 끝나고 나면 우울증이 더 심해집니다. 우울증, 중독 다시 우울증, 이런 악순환에 빠지게 만들죠.

세 번째는 반추입니다. 머릿속에서 생각이 라면 면발처럼 꼬여 있는 현상을 반추라고 합니다. 반추는 '되새김하다'에 해당하는 라틴어 Ruminat에서 파생된 단어인데 소가 음식물을 되새김질하듯 한 가지 이상의 인지적 주제를 지속적이고 반복적으로 곱씹어 생각하는 것을 의미합니다. 우울증 환자의 특징적인 병리 현상으로 알려져 있습니다.

우울 반추Depressive rumination에 빠지면 전형적으로 자기 자신과 자신이 얼마나 불쾌한 기분을 느끼고 있는지를 집중적으로 생각합니다. 반추에 빠진 우울증 환자는 변화하기 위한 행동을 취하기보다는 부정적인 내적 기분에만 몰입하는 특징이 있습니다.

'나는 누구일까? 내가 무엇을 하고 있는 걸까? 남들은 날 어떻게 생각할까? 난 왜 행복하지 않을까? 난 왜 만족스럽지 않을까?' 이런 질문에 대한 답은 쉽게 찾아지지 않죠. 때문에 머리를 쥐어짜며 걱정하고 심각해지고 기분이 어두워집니다. 생각이 너무 많은 탓에 문제를 해결할 능력과 의욕마저 사라지는 것입니다.

이는 과거의 긍정적인 기억들이 조직적으로 무시되어서 그렇습니다. 인간의 뇌는 부정적인 기분을 일으키는 상황들을 하나의 네트워크로 연결하고 긍정적인 기분을 일으키는 상황들을 또 다른 네트워크에 연결시켜둡니다. 그렇기에 우울하거나 불안하거나 속상할 때 부정적 기분과 관련된 네트워크에 연결된 생각들이 마구 뛰쳐나오는 겁니다. 현실에서 나를 기분 나쁘게 했던 실제 사건과 아무 상관이 없습니다.

마지막으로 자기 비난이 있습니다. 보통 우울증 환자는 자신을 끊임없이 비난하고 죄책감에 시달리죠. 자신에 대해 가혹하고 평가적이며 비판적이고 때로는 잔인할 만큼 자신을 괴롭힙니다.

지금 어깨에 우울증이라는 괴물이 앉아 있다고 상상해보세요. 이 괴물이 무겁게 나를 짓누르고 있어서 내가 힘든 것인데 우울증에 걸린 나는 그 무게를 감당하지 못하는 자신을 비난합니다. 어깨 위에 괴물이 올라타 있는지조차 알지 못하고 괴물을 없애야 한다는 생각조차 못 한 채 말입니다. 때문에 우선 괴물의 존재를 알아차리는 게 중요합니다. 그리고 자기 비난 대신에 연민 어린 목소리로 자신을 대해야 합니다.

치료 현장에서 저는 은유를 자주 사용합니다. 우울증 환자에게 종종 말하는 '부러진 다리' 은유가 있습니다. 우울증이 있는 내담자는 증상으로 힘들어하고 좌절하는데 정작 이들은 우울증이 빨리 좋아져야 한다며 자신을 다그치고 압박합니다. 이럴 때 저는 이런 질문을 던지곤 합니다. "다리가 부러진 직후에도 이렇게 자신을 질책하시겠어요?"라고 말입니다.

부러진 다리가 치유되려면 시간이 필요합니다. 뼈가 붙은 후에도 처음에는 천천히 걷기 시작해서 점차 다리 힘을 길러야 합니다. 걷기도 전에 뛸 수 없는 법이죠. 다리가 부러졌을 때 걸을 수도 없는데 뛰려고 하면 골절상은 악화되고 치유에는 시간이 더 걸립니다. 자신이 아무것도 할 수 없다는 자기 비난에 빠져 있다면 '부러진 다리' 은유를 생각하기 바랍니다. 현재의 자기 상태를 우울증이라는 증상의 관점에서 보게 될 겁니다. 하루아침에 나을 수 있는 것이 아니란 것을 받아들이고 치료나 회복에 여유와 열린 태도를 갖게 될 겁니다.

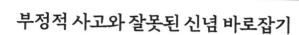

부정적 사고와 잘못된 신념 바로잡기

자기를 비난하고 외부 상황을 왜곡하고 미래에 대한 의욕마저 꺾어 버리는 나쁜 생각 습관이 있습니다. 우울증의 근본 원인이 되는 생각인데, 이런 것을 두고 사고 오류라고 합니다. 우울증이나 불안장애 환자만 사고 오류를 범하는 게 아니라 보통 사람들도 누구나 사고 오류에 쉽게 빠집니다.

가장 흔한 사고 오류는 극단적 사고입니다. 흑백 사고라고도 하죠. 중간 지대 없이 완전히 좋거나 또는 완전히 나쁜 것으로 몰아가는 생각의 나쁜 습관을 일컫습니다. 사소한 실수만 있어도 다 망쳤다고 쉽게 의기소침해지거나 사소한 잘못만 있어도 실패자라고 자기를 비난하는 경우 극단적 사고 오류에 빠져 있는 겁니다. 아래의 사고 오류 유형들을 잘 기억해두기 바랍니다. 부정적 생각에 휩싸이게 될 때 이건 "무슨 무슨 오류 때문이야"라고 말할 수 있도록요. 부정적 감정의 늪 속으로 빠져들지 않게 막아주는 안전장치가 될 겁니다.

극단적 사고

- '난 제대로 하는 게 아무것도 없어'라며 규정짓는 것.
- 세상 모든 일을 양극단으로 몰고 가서 중간에 있을 여지를 주지 않는 것.
- 세상 사람을 좋은 사람과 나쁜 놈으로 보는 것, 흑과 백으로 사물을 보는 것.
- 자신이 완벽하거나 명석하지 않다면 실패자나 바보라고 생각하는 것.
- 실수하거나 평범한 것을 용납하지 못하는 것.

재앙화 사고

- 내가 그걸 해내지 못한다면 끔찍한 일이 벌어질거라고 여기는 것.
- 항상 최악을 생각하는 것. 문제를 발견하거나 듣는 즉시 '혹시 그 일이 나에게도?' '만약 그런 일이 나에게도 생긴다면?' 하고 생각하는 것.

과잉 일반화

- 한두 가지의 근거로 쉽게 일반적 결론을 내리는 것.
- 한 번 나쁜 일이 생기면 그 일이 계속 생길 것이라고 단정하는 것.
- 모든, 결코, 절대로, 모든 사람이, 아무도 등의 단어를 사용하는 것.
- 작은 실수에도 '나는 이 모양이야. 뭘 해도 항상 실수해'라며 미래에도 계속 잘못할 거라고 생각하는 것.

개인화

- 주변에 일어나는 모든 일을 자신과 관련 지으려는 경향.
- 자신을 끊임없이 남과 비교하는 것.

독심술

- '다른 사람들은 이렇게 생각해'라는 식으로 단정 짓는 것.
- 증거는 없으나 왠지 그럴 것 같다는 느낌을 근거로 생각하는 것.
- 자신이 느끼는 방식을 믿고 다른 사람의 말이나 상황을 충분히 관찰하려 하지 않는 것.

해야만 해

- 스스로와 타인의 행동에 대한 완고한 철칙이 있어 그것을 어기는 사람을 보면 화가 나고 스스로가 그것을 지키지 못하면 죄책감을

느끼는 것.

- 자신에게 특정 행위를 강요하고 그것이 진짜 중요한지 객관적으로 생각하지 않는 것.

부정적 자동 사고 못지않게 그릇된 신념 역시 우울증의 원인이 되는 나쁜 생각 습관입니다. 신념체계는 부모님과 주위 사람들이 우리에게 가르쳐준 것들에 의해 형성됩니다. 삶에서 지켜지면 옳은 말이지만 현실에서는 이뤄지기 힘든 생각들이 많습니다. 그런데도 이 신념에 100% 맞춰 살아야 한다고 믿으면 조금이라도 지켜지지 않을 경우 자신을 비난하고 살아갈 힘을 잃게 됩니다.

아래 항목 중 자신에게 해당하는 것을 모두 체크해보세요.

1. 내가 귀중히 여기는 사람들에게 인정받아야만 한다. 어떤 면에서라도 반대 의견이 생기는 것을 피해야 한다. ☐

2. 가치 있는 사람이 되기 위해서는 무엇이든 성취해야 하고 성공해야 하며 실수해서는 안 된다. ☐

3. 사람은 항상 올바른 일을 해야 한다. 밉살스럽고 불공평하고 이기적인 행동을 할 때 비난을 당하거나 처벌을 받아야만 한다. ☐

4. 모든 일은 내가 원하는 대로 되어야 한다. 그렇지 않으면 삶은 견디기 힘들다. ☐

5. 나의 불행은 내가 통제할 수 없는 영역이기 때문에 할 수 있는 일이 거의 없다. ☐

6. 위험하고 기분 나쁘고 끔찍한 일들에 대해 걱정해야 한다. 걱정을 미리 하지 않으면 나에게 그런 일들이 일어날 수 있다. ☐

7. 삶의 어려움, 불행한 일, 또는 책임감 등을 회피함으로써 나는 더 행복해질 수 있다. ☐

8. 사람은 자신보다 강한 누군가에게 의존할 필요가 있다. ☐

9. 다른 사람이 나에게 잘못하면 화가 나는 게 당연하고, 다른 사람이 슬프면 나도 같이 슬퍼야 한다. ☐

10. 불편함이나 아픔을 느껴서는 안 된다. 나는 그것들을 견딜 수 없으며 어떤 값을 지불해서라도 피해야 한다. ☐

자신에게 해당하는 것이 있었나요? 위의 믿음들은 현실에서 일어날 수 없는 것들입니다. 그런데도 무조건 이러한 신념에 맞춰 살겠다고 믿고 있으면 고통은 더 커지고 자기 자신을 비난하게 됩니다. 다음과 같이 신념을 바로잡아야 합니다.

1. 모든 사람에게 인정받을 필요는 없다. 내가 좋아하는 사람도 나와 다른 관점을 가지고 있으며 그러므로 나를 사랑하는 사람도 나를 인정하지 않을 수 있다.

2. 인간은 그 자체로 가치 있는 존재다. 세속적인 성취나 성공으로 그 사람의 가치를 평가할 수 없다. 실수와 실패가 있어도 그 사람의 존재 가치는 사라지지 않는다.

3. 사람은 누구나 실수와 실패를 한다. 올바르게 살려고 노력하지만 그렇지 못할 때도 있다. 실수와 잘못을 통해 배우고 더 나아지기 위해 노력하면 된다.

4. 삶은 본질적으로 완전히 통제할 수 없는 것이다. 불확실성은 사라지지 않는다.

5. 완전히 통제할 수 없는 것이 인생이지만 그렇다고 불가능한 것은 아니다. 내가 노력해서 변할 수 있는 부분이 있으며 나 자신을 변화시킬 수 있는 건 나 자신밖에 없다.

6. 미리 걱정한다고 달라지는 건 없다. 걱정이 오히려 긴장하게 만들어 나쁜 일이 생겼을 때 제대로 대처하지 못할 수도 있다. 걱정보다는 "내가 어떻게 해야 할까?"를 생각해야 한다.

7. 회피보다는 수용, 도피보다 직면을 선택함으로써 삶의 어려움을 더 잘 극복할 수 있다.

8. 사람은 누군가에게 의지해서 힘을 얻지만 항상 그럴 수는 없다. 자기 삶에서 소중한 것은 언제나 스스로 결정하고 책임져야 한다.

9. 다른 사람 때문에 내 감정이 전적으로 변한다면 내 감정에 대한 통제력을 다른 사람이 가진 것이나 다름없다. 내 감정은 내가 조절하는 것이고 그것에 대해서는 내가 책임지는 것이다.

10. 모든 감정은 옳다. 부정적인 감정도 피해갈 수 없으며 완전히 없애는 건 불가능하다. 부정적인 감정을 없애는 것에만 집중하면 삶의 진정한 가치를 위한 행동에 전념할 수 없게 된다.

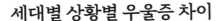

세대별 상황별 우울증 차이

우울증도 세대별 상황별로 다르게 나타납니다. 다음은 대표적인 다섯 가지 우울증에 대한 기본 정보입니다.

요즘 제가 주목하는 것은 청년들에게 흔한 신종 우울증입니다. 증상은 심각해 보이지 않는데 일상생활을 제대로 못 해낸다? 놀 때는 활기가 넘치는 데 회사에서 일할 때 무기력해진다? 청년 환자 중에 이런 사례가 꽤 많습니다. 아무리 쉬어도 좋아지지 않고 항우울제를 처방받더라도 의사의 예상과 다르게 반응하죠. 내심 진짜 우울증이 맞나 의심이 들게 만듭니다.

일본에서는 이를 '신종 우울증'이라고 부릅니다. 신종 우울증을 앓는 사람들은 평소에는 활달하게 잘 지내다가도 책임이 커지면 마치 일부러 그러는 것처럼 무기력해지는 것이 특징입니다. 뚜렷한 괴로움보다는 막연히 피곤하다, 집중이 잘되지 않는다, 기분이 좋지 않다고 호소합니다.

이런 비슷한 사례를 접하다 보면 신종 우울증은 기존의 우울증 진단 기준에 부합하지만 전형적인 우울증과는 근본적으로 차이가 있습니다. 전형적인 우울증은 밤에 잠이 오지 않아 힘들다고 하는데 신종 우울증의 증상을 보면 스마트폰을 보거나 유튜브를 보면서 잠을 자지 않으려고 하는 모습이 많이 보입니다.

이런 유형의 우울증이 학생이면 공부할 때는 의욕이 생기지 않지만 친구들과 수다를 떨 때는 아주 활발하죠. 직장인의 경우에는 주말에는 괜찮고 활기차지만 막상 출근해서 일하려고 하면 주의력이 떨어진다고 호소합니다.

항우울제 치료 반응도 전형적인 우울증과도 다릅니다. 주로 과다 수면과 체중 증가가 특징이라 비정형 우울증과도 유사한 측면이 있어 기존의 우울증과 같은 방식의 치료를 하면 증상이 잘 개선되지 않는 경우가 있습니다. 약을 주어도 제대로 먹지 않거나 진료 예약도 지켰다 안 지켰다 합니다. 전형적인 우울증처럼 휴식을 취하면서 회복되기만을 기다리면 회피적 상태가 더 악화되기도 합니다.

청년기 우울증과 함께 최근에 많이 늘어난 것이 노년기 우울증입니다. 보통 갱년기, 중년기에 겪는 것과 다르게 노년기로 넘어가면서 우울증의 특징적 양상이 바뀝니다. 노인 우울증에서는 비특이적인 신체 증상이 흔합니다. 아프다고 하는데 자세히 설명을 못 하거나 말이 자꾸 바뀌는 거죠. 딱 부러지게 아픈 곳을 짚어내지 못하면서 "자꾸 아프다"고만 하니까요. 화병처럼 속에서 뭔가 꽉 막힌 것 같다는 신체 증상 호소도 흔한데 주로 가슴에 불덩이가 있다, 소화가 안 된다, 답답하다고 표현하는 경우가 많습니다. 고집이 세지고 원래 지녔던 성격이 더 까다롭게 변하기도 해서 가족이 괴로워하며 어쩔 수 없이 병원에 데리고 오는 경우가 있습니다.

기억력 저하도 노년기 우울증의 특징인데 이 때문에 가족들이 치매를 걱정하기도 합니다. 진단 기준에는 포함되지 않지만 사실 우울증이 심해지면 기억력도 저하되는 것이 사실입니다. '가성치매(실제 지능 저하가 없음에도 치매인 듯한 증상이 나타나는 상태)'라고 하는데 진짜 치매와는 그 양상이 다릅니다. 다만 감정 조절이 되지 않거나 불쾌한 기분이 들 때가 많다면 치매 초기 증상일 수도 있으니 병원에 가서 검사를 받는 것이 필요합니다. 다른 우울 증상이 뚜렷하지 않은데 성격 변화가 현저하다면 경도 인지 장애처럼 치매 초기 증상일 수 있으므로 인지기능검사 등을 받아볼 필요가 있다는 뜻입니다.

중년 남녀에게서 우울증은 꽤 자주 발생합니다. 중년 남성의 경우 이 시기 회사에서 퇴직하거나 승진에서 밀리거나 인생의 위기가 겹치면서 불안도 더해갑니다. 자살이 일어나는 경우도 발생하는데 실제로 자살 시도율은 여성이 높지만 사망률은 남성이 절대적으로 높습니다.

여성과 달리 중년 남성 중에는 특히 우울하지 않은 우울증 환자가 많습니다. 우울한 감정을 속으로만 꾹 눌러놓고 삭히기만 해서 그렇습니다. 우울한 감정을 속으로만 숨기고 억누르니 다른 증상으로 전환되어 나타나기도 하는데요, '피곤하다, 잠이 오지 않는다, 예민하다, 불안하다, 머리가 아프다, 가슴이 답답하다'라며 우울감이 아닌 여러 신체 증상을 호소하며 병원을 찾는 사람이 많습니다. 제가 "우울증이십니다"라고 진단을 내려도 "나는 우울한 게 아니라 피곤한 거예요. 그냥 좀 지쳐 있을 뿐이에요"라고 말하곤 합니다.

여성 갱년기 우울증은 40대 중후반부터 50대 중반까지 나타나는데 대개 폐경을 겪으며 생리적 변화가 뚜렷하게 동반되는 경우가 많습니다. 일반적으로 사춘기부터 폐경에 이르기까지 여성이 남성에 비해 우울증 유병률이 약 2배 높습니다. 갱년기에 이른 여성은 이전과 비교해 우울증 발생률이 2배 정도 더 커지는데 지금까지 보고된 관련 논문들을 살펴보면 약 25~30% 정도, 높게는 33%에 이르는 우울증 유병률이 보고 됩니다.

폐경이 될 정도로 나이가 들었다는 것, 여성성이 없어진다 는 것 그리고 앞으로 일어날 변화에 대한 두려움이 갱년기 증 상을 심화시키는 주된 요인입니다. 갱년기에 우울 증상을 호 소하거나 실제로 진단 기준에 부합하는 우울증이 있다면 항우 울제를 사용하는 것이 일차적인 치료임을 잊지 않아야 겠습니 다. 정서적인 이유가 아닌 생리적 변화가 주된 원인이기 때문 이죠.

간혹 여성 호르몬의 저하로 우울증이 생긴 거라면 여성 호 르몬 치료가 효과적이지 않겠느냐고 묻는 사람도 있는데 항우 울제를 사용하는 것이 기분 증상뿐 아니라, 심리적, 신체적, 삶 의 질에 있어서 우수한 효과를 나타냅니다. 심지어 열감, 홍조 와 같은 신체 증상에도 항우울제가 효과적입니다.

마지막으로 화병은 울화와 분노, 억울함과 원망, 서운함과 배신감처럼 부정적 감정을 오랫동안 마음속에 눌러놓고 제대 로 표현하지 못할 때 생기는 정신과 질환입니다. 여기서 강조 하고 싶은 것은 화병도 엄연한 '정신과 질환'이라는 사실입니 다. 화병은 우리나라에서 독특하게 나타나는 문화 관련 증후군Culture-bound syndrome 중 하나로, 정신의학적으로는 신체 증상을 동반한 우울장애의 범주에 속하는 질환입니다. 우울감, 식욕 저하, 불면증 같은 우울 증상에 호흡 곤란이나 가슴 두근거림, 신체 전반에 나타나는 통증, 특히 명치에 뭔가 걸려 있는 듯한 신체 증상이 함께 나타나는 것이 특징입니다. 화병은 악화와 완화를 반복하며 장기간 지속되는 경우가 많은데요, 이를 정신과 질환으로 간주하지 않고 정신과에서 제대로 치료하지 않은 채 방치하면 나중에는 치료가 더 어려워지니 화병에 대한 인식이 달라질 필요가 있습니다.

왜 이렇게 강조를 하느냐면, 정신과 의사를 만나 화병이라는 진단을 받는다 해도 "내가 왜 정신과 치료를 받아야 하냐"며 인정하지 않는 사람이 아직도 많기 때문입니다. 의사가 자세히 설명하고 가족이 설득해도 속이 안 좋은 거지 정신은 멀쩡하다고 치료를 거부하기도 합니다. 아니면 오히려 '의사가 오진한 건 아닐까? 숨겨진 암이라도 있는 것 아닐까?' 하며 오히려 다른 신체 건강에 대한 의심을 키우는 경우도 더러 있습니다.

화병의 핵심은 감정의 억제에 있습니다. 자기 감정을 인정하지 않거나 제대로 표현하지 못 하는 것이 화병의 원인이죠. 화병 환자 중에는 감정표현불능증Alexithymia을 지닌 경우가 많습니다. 괜히 화를 내봐야 싸움만 더 하게 된다면서 부정적 감정을 밖으로 드러내는 것 자체를 두려워하는 거죠.

　참는 것도 한계가 있는 법입니다. 물속을 향해 두 팔로 공을 꾹꾹 쑤셔 놓고 있다가 어느 순간 힘이 빠지면 공이 물 밖으로 툭 하고 튀어나오는 것처럼 더 이상 감정을 억누를 수 없는 상황이 되면 화병이 생기고맙니다.

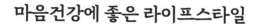

마음건강에 좋은 라이프스타일

우울증은 라이프스타일 질환입니다. 당뇨 환자가 탄수화물 섭취를 조절하지 않고 운동을 제대로 하지 않으면 혈당 조절에 실패하는 것처럼 우울증 환자가 약만 믿고 자기 관리를 제대로 하지 않으면 우울증은 치료되지 않습니다. 우울증을 겪고 있다면 '나의 생활 방식이 어떠한가?'라고 스스로에게 물어볼 필요가 있습니다. 수면 시간이 불규칙하고 끼니도 대충대충 때우고 운동을 하지 않으면 마음은 병이 듭니다. 술을 절제하고 담배를 끊어야 하는 것은 두말할 나위 없고요. 우울증은 건강하지 못한 라이프스타일과 밀접하게 연결되어 있습니다.

우울증은 대개 6~9개월이 지나면 서서히 좋아지지만 완전히 회복하려면 더 긴 시간이 필요합니다. 잔여 증상이 남기도 하고 우울증에 걸리기 이전의 상태로 돌아가지 못하는 사례도 있는 것인데 우울증이 만성화되어 그런 것입니다. 무엇보다 재발이 문제인 거죠. 주요우울장애 환자의 50~85%가 최소한 1회 이상 재발하고 평균 재발 빈도는 4회이며, 한 번 재발할 때마다 재발 위험은 16%씩 높아지고 안정기는 짧아집니다.

정서를 건강하게 유지하려면 자신의 생리 상태를 잘 관찰하고 돌보는 것이 필수입니다. "내 감정을 어떻게 조절할까?"라고 생각하기 전에 "내 몸을 활기차게 하는 건 뭘까?"를 우선시해야 한다는 뜻입니다.

아침에 일어났는데 피로와 긴장 상태라면 우선 주의합니다. 이런 날은 일을 줄이고 스트레스 상황을 가능하면 피하는 것이 좋습니다. 피로-긴장 상태이니 무리하게 일을 추진하지 않고 미묘한 감정 다툼이 있었던 사람과는 적당히 거리를 두는 식으로 말입니다. "무리하지 않고 몸과 마음이 이완할 수 있도록 산책을 자주 해야지." 정도의 태도로 하루를 보내는 것이 좋습니다. 신중하게 고른 음악을 은은하게 틀어놓고 불필요한 소음을 차단하는 것도 환경적으로 도움이 됩니다.

이런 날에는 미각도 세심하게 관리하는 것이 좋습니다. 일단 자극적인 음식을 피하는 거죠. 신경계에 피로가 더 쌓이기 때문입니다. 향기와 촉각도 우리가 모르는 사이에 우리의 감정에 영향을 끼치니 우울증 환자는 아침에 일어나서 무조건 샤워를 해야 합니다. 제가 환자들에게 종종 내주는 숙제 중에 하나이기도 해요. 몸의 긴장을 풀어주고 비누 향기가 기분 좋게 만들어주기도 하고 샤워하는 동안의 신체의 즐거운 마찰이 활기를 북돋아줍니다.

우울증에 걸리면 아침에는 좀처럼 활동을 시작하기 힘들어져 대낮이 될 때까지 이불 밖으로 나오지 않는 사람이 많죠. 밤에는 기분이 그나마 조금 나아져서 활동하기가 수월할 겁니다. 반대로 조증일 때는 새벽부터 일어나 활동을 시작합니다. 하루의 수면-각성 리듬은 흔히 생체시계에 의해 조절되는데 우울증과 조증은 생체시계의 고장과 관련이 있는 것으로 알려져 있습니다. 야간 활동이 많아져 수면 시간이 줄거나 야간에 인공 빛에 과도하게 노출되면 생체리듬이 교란되고 이렇게 어그러진 생체시계는 우울증의 발생 위험을 높입니다.

일상 루틴이 붕괴되면 우울증이 지속됩니다. 이는 다시 말해 건강한 일상 루틴을 만드는 것이 우울증 재발을 예방한다는 뜻입니다. 이왕이면 일과가 가치 지향적인 방식으로 구성될 때 더 효과가 큽니다. 건강한 일과는 정서를 건강하게 조절하니까요. 일정한 시간에 무언가를 하는 것 자체가 행동을 유발하고 의욕을 증가시킵니다.

생체 리듬을 조절하는 일상적 리듬은 기상과 취침, 아침 활동 시작, 사람 만나기, 식사 이렇게 4가지로 구성됩니다. 때문에 우울증을 치료하기 위해서는 일상 루틴을 재건하는 게 필수입니다. 아무리 좋은 치료를 받아도 생활 리듬이 건강해지지 않으면 우울증이 제대로 치료될 수 없습니다.

이를 위해서는 생활을 구조화하고 예측 가능성을 높이는 것 역시 중요합니다. 건강한 생활 습관을 꾸준히 유지하면서 그것이 자신의 생활 리듬으로 정착될 수 있게 목표하는 것을 사회 리듬 치료Social rhythm therapy라고 합니다. 아침에 일어나서 일하고 사람을 만나고 규칙적으로 운동하고 식사 시간을 제대로 지키는 것으로, 이런 것들이 자기만의 고유한 리듬으로 정착될 때 기분 변동성이 줄어듭니다.

인간관계의 어려움, 경제적 문제, 소음, 시간 부족, 과중한 업무 등 스트레스 요인은 이루 말할 수 없이 많지요. 중요한 것은 이중에서 자신에게 영향을 끼치는 것이 무엇인지 아는 겁니다. 이를 위해서는 주기적으로 일상을 관찰하고 검토해야 합니다. 기분과 스트레스의 연관성을 찾는 것인데 이를 통해 우울증 가능성을 보이는 증상의 패턴을 찾을 수 있습니다. 무엇이 스트레스가 되고 기분을 변동시키는지 깨달으면 조심하게 되고 무엇이 기분을 안정화시키는지 알면 잘 활용할 수 있으니까요.

정신과 의사인 제가 환자의 심리 분석이나 무의식을 탐색하는 걸 우선으로 여길 거라 생각할 수 있겠지만 실제 진료에서 저는 "보통의 하루일과를 말씀해주세요"라는 질문을 많이 합니다. 일상을 관찰하면 그 사람의 기분 상태를 파악할 수 있기 때문인데요, 우울증에서 벗어나기 위해 변화해야 할 환자의 행동이 무엇인지 확인할 수 있기 때문이기도 합니다.

우울증 환자에게 데일리 로그Daily log를 기록해오라는 과제를 종종 내줍니다. 기상하고 잠자리에 들 때까지, 일상 활동을 관찰해서 시간과 함께 기록하는 것입니다. 하루의 기분, 스트레스 사건, 복용하는 약, 여성의 경우 생리 주기도 함께 적어오면 우울증, 조울증 치료에 효과적으로 활용할 수 있습니다. 이런 걸 두고 기분 일지Mood chart라고 부릅니다. 일상 생활과 기분 변화의 관계를 관찰하고 평가하면 환자가 자신을 스스로 돌보는 데 도움이 됩니다. 이런 정보를 기록하는 스마트폰 앱도 많이 나와 있습니다.

운동은 아무리 강조해도 지나침이 없습니다. 인지행동치료와 약물치료만큼이나 우울증 치료에 탁월한 효과를 갖기 때문입니다. 특히 항우울제를 복용하면서 운동을 병행하면 치료 효과가 더 빨리 더 크게 나타납니다. 피로감이나 인지 기능 저하 등의 우울 증상은 항우울제로도 잘 치료되지 않는 경우가 종종 있는데 운동은 이런 증상까지 호전시키는 역할을 합니다.

우리의 마음은 주관적일 뿐만 아니라 추상적이라 질문하고 답하는 것만으로는 그 실체를 정확히 파악하기 어렵습니다. "기분이 어떠세요?"라는 묻는 것만으로는 우울증인지 아닌지 정확히 알 수 없지요. 생리적인 정보들을 종합해야 우울증이라고 판단내릴 수 있는데요, 정신건강을 알려주는 객관적 지표 중 하나가 바로 식습관입니다. 그래서 정신과 의사들은 환자에게 "식욕은 어떠세요?"라고 꼭 물어봅니다.

우울해지면 먹고 싶은 마음이 우선 안 생깁니다. 심하면 몸무게가 줄어들고요. 체중이 5% 이상 감소하면 유의미한 우울 증상 중 하나로 간주합니다. 무엇을 주로 먹는지 확인하는 것도 매우 중요합니다. 건강한 음식을 제대로 먹으면 스트레스를 방어할 수 있지만 그렇지 않은 식단을 지속한다면 우울증 발생 위험이 커지거든요.

과일과 채소를 많이 먹는 사람은 스트레스를 덜 느낀다는 연구 결과가 있습니다. 호주 에디스 코완대학교에서 25세 이상의 호주 성인 8,600명을 대상으로 식이를 잘 관리하면 스트레스가 감소하는지 여부를 확인했는데, 과일과 채소를 많이 섭취하는 사람은 그렇지 않은 이들에 비해 스트레스 점수가 10% 낮은 것으로 나타났습니다. 이러한 결과는 청년보다 중장년층에서 두드러졌습니다.

결국 '무엇을 먹고 있는가?'에 따라 우울증 위험도가 달라지는 것인데, 지난 십여 년 동안 이 주제와 관련된 연구 결과들이 속속 발표되는 중입니다. 통곡물, 과일, 채소, 견과류, 콩, 살코기, 해산물을 많이 섭취하는 것이 우울증 예방과 치료에 도움이 되지만 탄수화물과 가공식품은 발병 위험을 높입니다. 오메가-3 지방산, 아연, 마그네슘, 철분, 비타민B 같은 영양소는 우울증 예방에 특히 효과가 좋습니다.

영양 정신학에 따르면 연푸른색의 아보카도, 분홍색의 연어살, 노란색의 호두, 짙은 녹색의 시금치, 붉은 포도 등 색깔이 다채로운 식탁이 시각적으로도 영양학적으로도 뇌를 즐겁게 하고 정신건강도 지켜줍니다. 기분과 음식이 신경으로 연동되기 때문이죠. 무엇보다 항우울제 효과를 내는 비타민B가 풍부한 음식을 챙기길 권합니다. 붉은색 고기, 통곡물, 소 간 혹은 시금치처럼 색이 짙은 잎사귀 채소에 비타민B가 많습니다.

비타민D는 그야말로 천연 항우울제입니다. 햇볕 쬐고 걸으면 비타민D가 생성되고 우울감은 사라집니다. 연어, 고등어

등 기름진 생선과 달걀노른자 등에 비타민D 원료 성분이 많습니다. 오메가3 지방산은 뇌 구조와 기능에 중요한 역할을 합니다. 외상후 스트레스 증후군 개선에 도움 된다는 연구도 있을 정도인데 굴, 콩, 호두, 씨앗류, 들기름 등에 많습니다.

아연, 마그네슘 등 전해질은 항불안 효과를 내는데 이는 결핍 시 불안장애 위험이 커진다는 의미입니다. 아연은 살코기, 호박씨, 게, 검은콩, 두유, 아몬드, 치즈 등에 많습니다. 요즘 영양제 성문으로 많이 거론되는 글루타치온 등 아미노산은 기분 조절 단백질을 생산하고 뇌세포 손상 시 복구하는 데도 기여합니다. 글루타치온이 많은 음식은 달걀, 콩, 아스파라거스, 감자, 고추, 당근, 아보카도, 호박, 멜론 등입니다.

요즘 주목하고 있는 것은 바로 프로바이오틱스, 유산균입니다. 장 건강을 위해 복용하는 장내 유익균을 프로바이오틱스라고 하는데 이는 신체 건강뿐 아니라 정신건강에도 결정적인 역할을 합니다. 우리 뇌가 장과 미주신경을 통해 연결되어 있기 때문입니다. 쉽게 말해 뇌가 장에 사는 박테리아의 종류를 바꾸기도 하고 장내 세균이 신경화학물질을 생성해서 뇌 기능을 조절하기도 하는 겁니다. 기분을 결정하는 신경전달물질인 세로토닌의 신체 공급량 중 95%는 장내 세균에 의해 생성되니 말 다 했지요.

지난밤에 잠을 못 잔 것도 아닌데 아침에 일어났을 때 정신이 멍하고 불쾌한 기분까지 든다면 전날 밤에 무엇을 먹었는지 꼭 확인해보세요. 야식이라도 먹었다면 체중 걱정은 두말할 것도 없고 정신건강도 나빠집니다. 라면과 콜라처럼 밀가루와 당분을 많이 섭취하게 되면 장 염증을 유발할뿐 아니라 우울증의 원인이 될 수 있습니다.

　매일 하는 식사이지만 우울증에 있어서는 경건한 활동임을 잊지 말아야 합니다. 15분만이라도 핸드폰을 끄고 식사 시간을 방해받지 않고 온전히 식사에 집중하는 습관을 기르기 바랍니다.

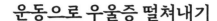

운동으로 우울증 떨쳐내기

우울증을 오래 앓았던 환자가 있습니다. 직장생활을 하고 있지만 퇴근 후에는 우울감에 빠졌고 우울증 약을 꾸준히 먹는데도 우울감이 완전히 떨쳐지지 않았습니다. 하지만 요즘은 한결 나아졌습니다. 퇴근하고 자전거를 타고 가볍게 달리기 시작했기 때문입니다. 일과 이후에 몸을 쓰며 활동하는 자신이 자랑스럽게 느껴졌다고도 합니다. 직장에서 힘든 일이 있어도 퇴근 이후에 땀 흘려 운동을 하고 나면 "난 잘 이겨내고 있어!"라는 생각에 자존감도 높아졌고요.

운동은 인지행동치료와 약물치료만큼이나 우울증 치료에 탁월한 효과를 냅니다. 항우울제를 복용하면서 운동을 병행하면 치료 효과가 더 빨리, 더 크게 나타나지요. 이처럼 운동은 부작용이 적고 비용 대비 효과적입니다. 진료 없이 우울증을 치료하는 가장 쉬운 방법인 겁니다.

규칙적인 운동은 기분 조절과 의욕뿐 아니라 기억력과 같은 인지 기능 개선에도 중요합니다. 우울증을 약물로 치료하더라도 집중력, 흥미, 의욕의 감퇴는 쉽게 개선되지 않는 경우가 많습니다. 우울감이 사라지고 안정은 되찾았지만 흥미, 의욕, 기쁨, 열의, 자신감 등 긍정적인 감정이 좀처럼 회복되지 않는 것인데, 중등도 강도의 운동을 꾸준히 하는 것이 이런 상태를 개선하는 데 효과적입니다.

운동의 항우울 효과를 검증한 연구를 볼까요. 우울증 환자를 세 가지 치료군으로 나눕니다. (1)홈트레이닝, (2)트레이너의 도움을 받아서 운동한 경우, (3)서트랄린이라는 항우울제로 치료한 경우 그리고 (4)위약군. 각각의 그룹에서 관해된 환자의 비율을 비교합니다. 우울 증상이 거의 사라져서 우울증 진단 기준에서 벗어났을 때를 관해Remission라고 합니다. 이 연구 결과를 보면 항우울제 치료와 트레이너의 도움을 받아서 운동했을 때의 치료 효과가 거의 비슷한 것으로 나타납니다. 홈트레이닝은 위약보다는 나았지만 항우울제보다는 효과가 덜했고요.

집단으로 인지행동치료를 받은 환자와 인지행동치료와 함께 운동을 병행한 환자의 우울증 치료 효과도 비슷한 결과를 냅니다. 인지행동치료만을 단독으로 받은 환자군에서는 치료 반응 비율이 25%에 불과했지만 운동을 함께 한 환자군의 치료 반응은 75%로 월등히 나왔습니다.

"정신과 약 말고 상담으로 치료하고 싶어요"라고 말하는 우울증 환자도 예외는 없습니다. 반드시 운동을 해야만 상담의 효과도 배가됩니다. 여러 연구 결과를 검토해보면 중등도 이상의 심한 우울증은 상담만으로 치료 효과를 얻을 가능성이 현저히 떨어집니다.

운동이 우울증에 효과적인 이유는 뭘까요? 가장 널리 알려진 것은 엔도르핀 가설입니다. 운동이 베타 엔도르핀 분비를 촉진시키는데 이것이 기분을 좋게 만들어준다는 것입니다. 러너스 하이Runner's high라는 말을 들어봤을 텐데요, 달리기를 하다가 몸은 힘든데 이상하게도 기분이 좋아지는 상태인 러너스 하이도 엔도르핀에 의해 매개됩니다.

운동은 기분을 조절하는 뇌 신경전달물질인 세로토닌의 생성을 촉진합니다. 특히 대뇌피질, 해마, 시상하부, 선조체처럼 기분과 동기를 조절하는 뇌 영역에서 세로토닌 활성도를 높입니다. 주의집중력과 연관된 신경전달물질 노르에피네프린도 운동을 통해 증가합니다. 뇌에서 도파민 활성도가 저하되면 무동기, 무쾌감이 일어나는데 운동을 하면 도파민 신경전달체계가 활성화됩니다.

뇌세포는 끊임없이 재생됩니다. 한 번 생성되면 끝이 아니라 계속 새로이 형성되는데, 우울증 환자는 신경 세포가 새롭게 생성되는 능력이 저하되어 발생하기도 합니다. 항우울제는 이러한 신경 세포의 생성을 촉진합니다. 운동은 항우울제 못지않게 신경 세포 생성을 촉진합니다.

우울증 환자에게는 일반적으로 중등도 강도의 운동을 일주일에 적어도 150분 시행하도록 권고합니다. 예를 들어 걷기는 시속 5~6km로 조금 빨리, 실내 사이클은 50~100w가 좋습니다. 지금까지 보고된 연구에서 가장 흔히 활용된 조건은 최대 심박수 60~80%의 강도로, 주당 3회 하루 30분간, 8주 동안 지속하는 것입니다. 일반적으로 효과를 나타내는 운동 시간은 주당 90~150분 정도이지만, 이보다 낮은 주당 20~60분의 운동도 우울증에 효과적이라고 알려져 있습니다. 미국 질병통제센터와 미국 스포츠의학회에서는 적어도 하루에 30분 이상, 일주일의 대부분 지속되는 중등도 강도의 운동이 우울증 증상을 경감시키는 데 효과적이라고 권고합니다.

결론은 어떤 운동이든 하면 좋다는 얘기입니다. 다만 중등도 이상의 강도 있는 운동을 꾸준히 해야 하는데, 이는 걸으면서 옆 사람과 대화하기 약간 어려운 정도 혹은 약간 숨이 찬 정도를 말합니다. 이 정도의 강도로 하루 30분 이상, 주 5회 이상 운동하는 거죠. 가벼운 우울 증상을 겪고 있는 환자가 이 정도로 운동을 하면 항우울제를 복용하는 것과 동일한 효과를 얻습니다. 약을 먹지 않고도 우울증을 치료할 수 있다는 뜻입니다. 운동 강도와 정신건강이 좋아지는 효과는 비례합니다. 운동을 많이 할수록 그것에 비례해서 정신건강도 좋아집니다.

평소에 운동하지 않았다면 이 정도의 운동이 힘들게 느껴질 수 있죠. 처음부터 무리하지 말고 점진적으로 운동 강도를 늘이면 됩니다. 하루 5분부터 시작해서 10분, 15분 이런 식으로 늘여가는 겁니다. 점진적으로 운동 강도를 늘이다보면 '내가 전보다 훨씬 나아졌네.' 하는 느낌이 드는데 이 또한 정신건강에 좋은 효과를 불러일으킵니다. 운동 초기에는 특히 빈도를 늘려야 하는 걸 잊지 마세요. 짧은 시간으로 자주 운동하는 것을 목표로 하면 됩니다. 그런 다음에 운동의 지속 시간을 늘여나가는 거죠.

평소에 일하면서 몸을 많이 쓰는데 운동을 따로 해야 하는지 묻는 경우가 있습니다. 일하면서 육체노동을 하는 것과 운동으로 몸을 쓰는 것의 효과는 다르지요. 각각 정신건강에 미치는 효과가 다르다는 뜻입니다. 일하면서 몸을 쓰는 것은 기분을 좋게 하거나 의욕을 증진시키는 효과는 없습니다.

우울증에 더 효과적이라고 알려진 특정한 운동은 없습니다. 무산소 운동도 유산소 운동과 동일한 정도의 항우울 효과를 갖거든요. 운동의 종류보다는 근력이 강화된 정도가 우울 증상의 감소 정도와 상관관계를 갖습니다. 다만 유산소 운동과 무산소 운동을 같이하는 혼합형 운동이 유산소 운동 단독보다 더 효과적이라는 연구 결과가 있기는 합니다.

많은 환자가 장기적인 이득에 너무 초점을 맞추는 경향이 있습니다. 예를 들어 비만인 우울증 환자는 체중 감량을 위해서 운동을 하려고 하는데 이는 단기간에 이루기 어려운 목표죠. 그것보다는 우선 운동을 통해 즉각적으로 느낄 수 있는 기분이나 활력의 증가 그리고 주의집중력의 향상과 수면의 질이 좋아지는 것을 목표로 삼는 게 좋습니다. 즐길 수 있는 신체적 활동의 방법을 이것저것 시도해보는 게 좋다는 뜻입니다. 운동 경험을 즐거움으로 인식하는 것이 가장 중요하기 때문이죠. 운동장이나 외부에서 운동하는 것이 편하지 않다면 집에서 해도 됩니다. 친구와 함께할 때 더 좋다면 그렇게 하면 되고요.

우울증 치료에 운동이 효과적이라는 사실은 이미 수많은

연구를 통해 확정된 사실입니다. 높은 강도의 운동이 낮은 강도의 운동에 비교해 우울증 치료에 더 효과적이라는 것도 확인되었습니다.

이렇게 신체 활동이 중요한 건 맞지만, 그렇다고 우울증 환자나 무기력에 빠진 사람들을 재촉하거나 강요하려는 건 아닙니다. 그들도 그러한 충고를 수없이 들어왔을 겁니다. 스스로도 "움직이자!"라고 계속 되뇌고 마음을 다잡으려 했을 겁니다. 그런데도 안 되니까 문제가 생긴 거겠죠. 그렇게 할 수 있었다면 애당초 치료를 받을 필요도 없었겠고요. 움직여서 기분이 나아지기를 바라지만 잘되지 않고 무엇보다 어떻게 해야 하는지 구체적인 방법을 모르기 때문에 실행이 어려웠던 것입니다.

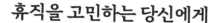

휴직을 고민하는 당신에게

불과 몇 년 전만 해도 우울증을 회사에 알리기 싫다
며 쉬어야 하는 데도 억지로 참고 일하며 정신과 치료를 병행
하곤 했는데 요즘은 약한 정도의 우울증 환자도 휴직을 하고
싶으니 진단서를 떼 달라고 요청하는 사례가 잦아졌습니다.
아무래도 우울증과 정신과 치료에 대한 사회적 거부감이 줄어
들었기 때문일 테죠.

우울증을 앓고 있으면 기억력과 집중력이 저하되어 평소에
는 쉽게 처리하던 업무가 버겁게 느껴지고 창의적인 생각이
떠오르지 않아 애를 먹습니다. 업무 효율과 생산성이 저하될
수밖에 없는 거죠. 일하는 존재로서 자기 가치를 느껴왔던 사

람이 우울증에 걸리면 따라서 자존감에 큰 상처를 입습니다. 존재 가치가 없어지고 직장에서 쫓겨날지 모른다는 재앙적 사고에 빠져 우울증은 심해지고 업무에 대한 자기 효능감은 더 추락합니다.

경도의 우울증이라면 직장생활을 유지하면서 치료할 수도 있습니다. 아침부터 기분이 우울하고 기운도 없지만 그래도 씻고 옷 갈아입고 제때 출근해서 필수 업무를 제대로 수행할 수 있다면 경도 정도의 우울증이라고 보면 됩니다.

기운이 없고 업무에 대한 의욕이 떨어질 뿐만 아니라 식욕 저하와 불면에 시달리고 인지 기능이 저하되어 직장과 일상을 평소처럼 유지할 수 없다면 중등도 혹은 그 이상의 우울증일 가능성이 큽니다. 이 정도의 심각도를 보이는 우울증 환자는 업무 능력뿐만 아니라 근태에도 문제가 생깁니다. 중등도 이상의 우울증이 발병했다면 휴직을 고려해봐야 합니다. 일에서 벗어나 치료에 전념하는 게 낫습니다.

휴직이 필요하다면 그 기간은 어느 정도가 좋은 걸까요. 골절상이라면 뼈가 붙는 데까지 걸리는 시간이 비교적 일관되게 알려져 있지만 우울증이나 공황장애같은 정신과 질환에서는 편차가 매우 심해서 휴직 기간을 객관적으로 말해주기 어려울 때가 많습니다. 우울 증상이 사라지는 데 필요한 시간과 업무 능력이 회복되는 데 걸리는 시간 사이에 괴리도 큰 편이고요. 증상은 좋아진 것 같은데 일할 정도로 회복되지는 않아 어려움을 겪는 직장인 우울증 환자가 많습니다.

우울증이 완전히 회복되어 직장으로 복귀할 수 있는 것을 기준으로 하면 그 기간이 6개월이 될 수도 있고 일 년이나 혹은 그 이상이 필요할 수도 있지만 현실에서는 그렇게 휴직 기간을 충분히 가지기 어려운 사례가 많습니다. 정작 우울증 환자 자신이 장기간 휴직에 부담을 느끼는 경우도 흔합니다.

따라서 증상 외에 환자의 직업이나 그가 몸담고 있는 직장의 사정, 미래의 커리어, 경제적인 상황, 환자의 일에 대한 기대와 태도 등을 모두 종합적으로 고려해서 판단해야 하므로 어려울 수밖에 없습니다.

아쉽게도 중등도 우울증 환자에게 2주 정도의 병가는 사실 그리 큰 도움이 되지 못합니다. 항우울제를 쓴다 하더라도 적어도 2주는 꾸준히 복용해야 치료 효과가 나오는데 업무 능력에 심각한 저하를 보이는 우울증이 짧은 시간에 좋아질 리 없기 때문이죠. 환자의 고통이 일시적으로나마 줄어드는 도움은 받을 수 있겠지만 우울증을 제대로 치료하기에는 결코 충분하지 않습니다.

우울증으로 인해 직장 생활에 현저한 곤란이 발생했다면

적어도 2달 정도의 휴직 기간이 필요하다고 권고합니다. 물론 우울증 완치를 목표로 한다면 두 달로는 부족하고 재발성의 중증 우울증이라면 이보다 훨씬 긴 시간이 필요합니다.우울증에서 비롯된 인지 기능 저하는 회복이 더디기 때문입니다.

그럼에도 일단 쉬기로 큰 결심을 했으면 일 생각은 하지 말아야 합니다. 건강을 회복하는 데에만 집중해야 합니다. 휴직하자마자 복귀 걱정을 하고 자신이 없는 동안 회사에서 벌어질 일을 신경 쓰거나 자신이 우울증 환자라는 것 때문에 회사에서 불이익을 받으면 어쩌나 하고 염려하는 것은 치료에 방해가 될 뿐입니다.

너무 조급하게 좋아지려고 해도 안 됩니다. 책임감이 강하고 성실한 우울증 환자는 어떻게든 빨리 좋아지려고 애를 쓰는데 그 마음이 너무 커서 회복 속도가 더딘 것을 견디지 못하는 경우가 있습니다. 우울증의 자연 경과라는 것을 고려하면 환자가 아무리 노력하더라도 치유는 어느 정도 시간이 흘러야 가능하다는 것을 이해하고 받아들여야 합니다.

반면 휴직 기간에 무조건 쉬겠다며 아무것도 하지 않으려는 사례도 종종 보는데요, 자신에게 아무런 힘이 남아 있지 않으니 휴직 기간 내내 침대에 누워 휴식을 취하면 저절로 나을 거라 여기는 경우입니다. 이 역시 안타깝게도 사실과 다릅니다. 휴직 초기에는 휴식이 필요하지만 비활동적인 상태가 지속되면 복귀할 시점이 되어도 심신에 활력이 차오르지 않아서 나중에 애를 먹게 됩니다.

우울증의 원인을 찾아서 뿌리를 완전히 뽑아버리겠다며 골방에 틀어박혀 심리 서적과 유튜브만 들여다보며 휴직 기간을 다 써버리는 환자도 있고 쉬는 동안에 자신의 나약한 성격을 뜯어 고치겠다며 심리상담에만 매달리는 환자도 봤습니다. 수십 년에 걸쳐 굳어진 성향이 단기간에 쉽사리 바뀔 수가 없지요.

신체적 체력을 키우는 건 짧은 기간에도 효과를 볼 수 있는 좋은 방법입니다. 이렇게 노력하다 보면 정신력도 자연히 강해지죠. 호주의 맥쿼리대학교 연구팀이 3개월 동안 운동을 꾸준히 한 사람들과 그렇지 않은 사람들의 행동 변화를 비교했는데, 운동을 꾸준히 한 그룹은 그렇지 않은 그룹에 비해 일을 미루는 습관도 적고 약속 시간도 더 잘 지켰습니다. 운동 하나로 저절로 행동 습관이 바뀐 겁니다. 따라서 휴직 기간 동안 체력을 기르겠다는 목표를 세우고 실천하는 것이 우울증 환자가 일차적으로 전념해야 할 일입니다.

과연 이전처럼 회사로 돌아가서 일을 잘할 수 있을지, 우울증이 재발할 위험은 없는지 정확히 예측할 수는 없습니다. 복직 후에 직접 겪어 보는 수밖에 없지요. 어려움이 남아 있다면 그 부분을 어떻게 해결할지 의사와 상의해가면서 더 치료하면 됩니다. 복직이라는 것 자체가 또다른 변화이자 스트레스이니 처음에는 심리적 곤란을 느끼는 게 정상입니다. 우울증이 치료되어서 복직하면 전처럼 활기차게 바로 할 수 있을 거라 기대하면 안 되는 이유입니다.

환자의 주관적 느낌과 의사의 객관적 판단을 토대로 우울 증상이 70~80% 정도는 없어져야 업무 복귀가 가능합니다. 완치가 되었더라도 막상 업무에 복귀하면 '아직 낫지 않았구나'라고 느낄 수도 있습니다. 업무 속도나 능률이 예전 같지 않다고 느끼는 건 다반사고요. 안심하세요. 이런 현상이 보편적입니다.

복직하고 2~3달에 걸쳐 서서히 기억력, 판단력, 집중력이 호전되고, 업무에 완전히 적응하려면 이 정도의 시간이 추가적으로 더 필요합니다. 복귀하자마자 욕심과 부담이 크면 스트레스가 되어 우울증 재발 위험을 키우니 유의하기 바랍니다.

사회생활에 적응하다 보면 남아 있던 증상도 시나브로 좋아질 때가 있습니다. 정신과 치료만으로 우울증이 100% 좋아지는 게 아니라 그 사람에게 맞는 일을 함으로써 부족했던 부분이 채워지는 것이죠. 일이라는 게 힘들기는 해도 인간은 일을 해야 심리적으로 성장할 수 있습니다. 망치질을 자꾸해야 놋그릇이 튼튼해지고 커지는 것과 마찬가지입니다. 자신의 존재 가치를 증명하는 것도 바로 일을 통해서입니다. 주어진 책임을 다하고 업무에서 성과를 내고 그것으로부터 성취감을 느껴야 마음의 맷집도 커집니다. 돈을 벌고 자기 힘으로 생활을 꾸려 나갈 수 있다는 믿음이 자존감의 바탕이 되어 마음도 더욱 단단해집니다.

인지행동치료란 무엇인가

20세기 초반 득세했던 정신분석적 정신치료는 환자의 무의식을 탐색합니다. 그 안에 있는 갈등, 방어기제, 욕구를 치료자와 함께 찾아가는 것이죠. 치료자는 환자의 과거 경험, 중요한 사람과의 관계 그리고 치료자와의 관계에서 나타나는 전이를 다루고 해석합니다. 환자가 자신의 내면을 탐색하면서 감정과 욕구 그리고 갈등과 방어기제를 이해하고 무의식을 의식화할 수 있게 이끄는 것입니다.

무의식을 의식화하는 것이 우울증에 실제로 효과가 있는지는 확실히 증명되지 않았습니다. 그러다 보니 20세기 후반에 이르자 치료 경향이 변했지요. 인지행동치료의 아버지라고 불리는 아론 벡Aaron T. Beck은 정신분석적 정신치료가 우울증을 치료하는 데 효과적인지 의문과 회의를 느꼈습니다.

벡은 부정적으로 왜곡된 인지가 우울증을 일으키는 핵심이라고 봤고 이를 수정함으로써 치료 효과를 거둘 수 있다고 봤습니다. 인지치료를 개발하게 된 것인데 여기에 행동치료가 결합되어 인지행동치료로 자리 잡았습니다. 인지치료는 자신과 자신의 미래에 대한 부정적 해석과 믿음을 수정하는 데 초점을 맞춥니다. 왜곡된 사고를 확인하고 그것의 현실성과 타당성에 문제를 제기하고 오류를 수정하여 우울증으로 이어지는 악순환을 끊어주는 것이죠.

한 예로, 구직 활동을 하던 청년이 입사 시험에서 떨어진 후부터 친구도 만나지 않고 혼자 방 안에 틀어박혀 무기력한 생활을 이어가고 있습니다. 우울한 기분에 젖어 있을 때 어떤 생각을 하고 있는지 물었더니 '시험에서 떨어진 나는 인생 낙오자야. 무직인 나를 친구들이 무시할 거야'라는 생각이 계속 떠오른다고 합니다. 우울증 환자에게 흔히 관찰되는 역기능적 가정Dysfunctional assumption 또는 조건적 신념Conditional belief이 이 청년에게 관찰됩니다. '반드시 ~해야만 한다' '꼭 ~이어야 한다' '만약 ~라면'도 여기에 해당합니다.

이런 역기능적 사고 때문에 타인을 꺼리고 위로를 받을 수 없을 뿐더러 결국에는 고립되고 마는 것이죠. 이런 자신을 보며 '나는 못난 사람이라서 도와주려는 사람이 하나도 없는 거야'하고 믿어버리면 부정적 사고의 악순환에 갇혀버리게 됩니다.

구직에 어려움을 겪고 있는 청년에게 '노력하면 반드시 원하는 곳에 취직할 수 있으니까 희망을 가져. 넌 할 수 있어'라고 응원하는 것이 인지행동치료는 아닙니다. 즉, 인지행동치료는 우울증 환자에게 앞으로 다 잘 될 거라는 긍정적 사고를 불어넣는 것이 아닙니다. 현실에는 언제나 역경이 존재한다는 사실을 환자가 수용하고 지금 자신에게 유익한 행동을 시작할 수 있도록 돕는 것입니다.

스트레스 없는 삶은 없으며 인생은 고난의 연속입니다. 예상치 못한 나쁜 일은 누구에게나 일어날 수 있지요. 부정적 사고에 휩싸여 있으면 이런 현실에 제대로 대처하지 못합니다. 스트레스 받으면 활성화되는 부적응적 믿음을 인지 도식 Cognitive schema이라고 하는데, 스트레스가 닥쳤을 때 '나는 작은 스트레스도 못 견디는 나약한 사람이야'라는 인지 도식에 따라 행동하면 결국 자신의 믿음처럼 그렇게 변하고 맙니다. 부정적 믿음이 자기충족적 예언Self-fulfilling prophecy으로 실현되기 때문입니다. '나는 못난 사람이라 노력해도 취직이 될 리 없어.

그냥 포기하는 게 나아'라는 생각에 지배당하면 취업 준비를 할 동기도 생기지 않고 아르바이트를 하려는 시도조차 못 합니다. 비관적인 예측이 무기력을 부르고 무기력해서 아무것도 못 하게 되니 자신이 예측한 대로 되고 마는 것이죠.

자기 생각을 마치 다른 사람의 그것인 양 관찰하는 것이 인지행동치료의 출발점입니다. 우울감에 젖어 있을 때 어떤 생각이 떠오르는지 검토하는 겁니다. 우울증 환자들은 자주 하는 생각인데도 그것이 자신의 기분에 어떻게 영향을 끼치는지 알지 못한 채 감정의 파도에 휩쓸려 버립니다. 인지행동치료자는 "우울한 기분에 젖어 있을 때 어떤 생각이 마음속에 스쳐 갔나요?"라는 질문을 통해 환자가 부정적 사고를 알아차릴 수 있도록 돕습니다. 그리고 그것이 기분과 행동에 끼치는 부정적 영향을 인식할 수 있게 합니다. "만약 누군가가 시험에 탈락했을 때 나는 무가치한 사람이고 나에겐 불운만 찾아온다는 생각에 사로잡힌다면 그 사람의 감정은 어떨 것 같나요? 자신이 실패자라는 생각을 완전히 믿어버린다면 그 사람은 어떻게 행동하게 될까요?"라고 물음으로써 인지, 기분, 행동 사이의 상호관계를 환자가 객관적으로 이해할 수 있도록 이끌어 가는 겁니다.

역기능적 사고와 핵심 신념이 스트레스 상황에서 활성화되었다는 것을 깨닫고 나면 이런 부정적 생각을 수정하면서 우울감에서도 벗어날 수 있습니다. 왜곡된 믿음에 빠져 낙담하기보다 "지금 이 순간 무엇을 해야 성취감을 느낄 수 있을까? 조금이라도 나를 기쁘게 만드는 행동을 뭘까? 인생의 목표는 무엇이며 그것을 이루기 위해 지금 무엇을 해야 할까?"라고 스스로에게 묻고 그 대답에 따라 행동하도록 돕는 것도 인지행동치료의 핵심 요소입니다. 행동활성화를 통해서 자기 가치감을 느끼게 되면 우울증을 이겨낼 수 있습니다.

인지행동치료는 정신건강의학과 병원이나 훈련받은 상담가가 있는 심리센터에서 받을 수 있습니다. 환자 한 명을 치료하는 경우도 있지만 여러 환자들이 정해진 시간에 함께 모여 집단으로 인지행동치료가 이뤄지기도 합니다. 요즘은 애플리케이션이나 줌을 활용해 온라인으로 인지행동치료를 제공하는 기관도 있습니다. 다만 이렇게 규칙적인 시간에, 정해진 매뉴얼에 따라서 일정한 간격으로 8회기, 12회기 혹은 이보다 짧거나 길게 치료를 하는, 이른바 '구조화된 인지행동치료'를 시행하지 않는 곳도 있으므로 환자나 보호자가 상담받으러 가기 전에 미리 확인하는 것이 좋습니다.

수십만 원에서 백여만 원 혹은 그 이상의 비용을 들여서 3~6개월 동안 인지행동치료를 받는다고 우울증에서 완전히 벗어날 수 있는 것은 아닙니다. 상담이 끝났다고 치료가 완결되는 것도 아니고요. 인지행동치료 과정에서 습득한 내용을 환자가 일상에서 꾸준히 실천해야 효과가 유지되고 완치에 이를 수 있습니다. 궁극적으로는 환자 스스로 자신을 위한 치료자가 되어야 하는 것이죠. 의사나 상담사 없이도 자신의 왜곡된 생각을 점검하고 교정할 수 있도록 하는 것이 인지행동치료의 최종 목표입니다.

대부분의 정신건강의학과 의사는 인지행동치료 원리와 기법을 자연스럽게 진료 시간에 적용시켜 우울증 환자를 치료합니다. 따로 시간을 정해서 인지행동치료를 시행하지 않더라도 짧은 진료 시간 동안에 이 치료법을 최대한 활용합니다. 환자가 비싼 비용을 지불하며 '구조화된 인지행동치료'를 따로 받지 않더라도 정신과 의사와 정기적으로 상담하며 진료하는 것으로도 동일한 효과를 얻을 수 있습니다.

물론 인지행동치료의 한계도 분명히 존재합니다. 우울증의 원인이 부정적 사고방식 때문이라고 단정할 수는 없기 때문입니다. 인지 구조와 무관하게 유전적이면서 생물학적인 원인 때문에 우울증이 발병하는 사례도 많습니다. 환자의 마음속에 역기능적 가정이나 핵심 신념이 우울증 발병 이전에 선행한다고 단정할 수도 없고요. 생각은 분명히 달라졌는데 우울증에서 벗어나지 못하는 사례도 적지 않습니다. 반대로 역기능적 사고나 핵심 신념은 그대로인데 환자의 행동이 활성화되면 우울증이 호전될 수도 있습니다.

치료 받기 전에 알아야 할 것들

약을 처방할 때 환자가 보이는 반응은 다양합니다. 극단적으로 "나는 선생님을 믿고 있으니 알아서 해주세요"라고 전적으로 의사에게 의지하는 경우부터, 자기 문제에 대해 제대로 이야기도 하지 않은 채 "선생님이 어떤 분이고 어떤 의견인지 먼저 살펴보려고요. 그걸 본 뒤에 제가 알아서 할게요"라며 소극적인 자세를 보이는 경우까지 말입니다. 일반적으로는 이런 양극단 보다 다들 그 중간 어디쯤 있지요. 이러한 여러 상황을 두고 '의사-환자 관계 모형' 혹은 '의사-환자 의사 결정 모형'이라고 합니다.

이중 '가부장적 모형'은 정보를 제공하는 것도 의사이고 주어진 정보를 근거로 어떤 치료를 할지 말지를 결정하는 것도 의사인 경우를 말합니다. 두 번째는 '공유 의사 결정 모형'으로, 진료에 관한 정보 제공과 의사 결정에 환자가 적극적으로 참여하는 경우입니다. 의사와 환자가 의학적 행위에 대해 서로 충분히 정보를 주고받으며 공통된 이해에 이르게 되더라도 최종적인 결정은 환자가 내리는 거죠. 마지막으로 '자기관리 모형'이 있는데 이것은 의학적 정보도 환자가 알아서 구하고 의사 결정도 혼자 내리는 경우입니다.

다양한 의사-환자 관계를 길게 설명한 이유는 정신과 환자나 보호자가 진료를 받을 때, 자신의 증상이나 질환의 심각도 그리고 개인적 선호에 따라 '나는 의사와 어떤 형태로 정보를 주고받고 최종 의사 결정을 어떻게 내릴 것인가?' 하는 점에 대해 생각해보는 것이 중요하기 때문입니다.

환청이나 망상이 심하고 환자의 의사 결정 능력에 문제가 있다면, 그리고 고도화된 첨단 진료가 필요한 질환이 의심된다면 전문가 의견에 조금 더 귀 기울이는 게 좋겠죠. 의사 결정에 있어서 의사의 판단에 조금 더 무게를 두면 좋습니다. 즉 '가부장적 모형'에 가까워지는 것입니다.

우울증, 스트레스성 질환, 상담 사례가 많은 제 진료실에서는 주로 공유 의사 결정 모형에 부합하는 의사 결정이 많이 이

뭐집니다. 오랜 시간 함께 해온 환자들이 제게 '선생님이 알아서 해주세요'라고 해도 그것이 가부장적인 의사 결정은 되지 않는 이유가, 오랜 시간 동안 서로 정보를 공유하고 의사 결정 과정에 충분히 참여했던 이력이 있기에 그렇습니다.

다른 선생님과 진료하는 정신과 환자도 마찬가지입니다. 진료에 도움이 되고 현명한 의사 결정을 내리기 위해서는 전문가가 제공하는 정보뿐만 아니라 환자 자신의 이야기나 자기가 원하는 바를 표현하는 것이 무척 중요합니다. 어떤 약을 먹을지 어떻게 진료를 진행시켜 나갈지 등을 결정하는 과정에도 환자가 적극적으로 참여하는 것이 좋습니다.

모든 환자에게 적용되는 것은 아니겠지만 환자가 자기 관리를 할 수 있어야 치료에도 도움이 됩니다. 의료적인 도움을 계속 받아야 하는 경우라도 자신이 자기 문제에 대한 정보를 찾아보고 스스로 해야 할 것이 무엇인지 알고 그것을 행하는 수준에 이르면 좋겠습니다.

무엇보다 치료자를 잘 선택하는 것이 정말 중요합니다. 속내를 털어놓을 수 있는 사람이라면 체계 없이 아무렇게나 잡담을 나누는 것만으로도 큰 도움이 될 수 있거든요. 마음을 열 수 없는 상대라면 아무리 치료 기술이 뛰어나고 자격증이 많아도 나에게 도움이 되지 않을 수밖에 없습니다.

정신과 의사들도 각자 치료 스타일이 굉장히 다르지요. 한 두 곳 정도 더 방문해보며 자신과 맞는 선생님을 찾는 것도 방법입니다. 정신과에는 뛰어난 명의가 없다고들 하는데요, 이는 환자의 성향이 치료에 많이 작용하기 때문입니다. 정신과 의사는 자신과 잘 맞는 사람이 명의입니다. 의사와 소통하는데 문제가 있거나 의사든 환자든 어느 쪽에서든 불편감을 느낀다면 의사를 바꾸는 것을 고려하는 것이 좋습니다.

마음의 문제는 현대 의료 기술로 해결할 수 있는 것이 아니라 환자와의 인격적인 대화를 통해서 해결되는 것입니다. 의사를 만난다면 다음과 같은 사항을 확인해보길 권합니다.

① 참된 관심을 보여주는가?
- 의사가 환자의 고통에 진정으로 관심을 보이는가?
- 공감하는 능력과 자신이 공감한 바를 잘 전달할 수 있는 능력을 갖추고 있는가?

② 비판을 수용할 수 있는가?
- 만일 환자가 화를 내거나 비판적이어도 의사가 편안하게 받아들이는가?
- 환자의 비판이 타당하지 않을 경우라도 환자의 분노를 편안하게

받아들이는가?

③ 믿을 만한 서비스를 제공하고 치료에 집중하는가?

- 치료 시간을 취소하거나 자주 변경하는가?
- 치료 시간 동안 전화를 받지 않는가?
- 사소한 얘기를 하면서 시간을 허비하지 않는가?
- 진료와 관련된 정보를 공개하고, 환자에게 자발적인 동의를 구하는가?

정신과 의사는 독심술사가 아닙니다. 의사는 환자의 언어는 물론, 비언어적 표현까지 자세히 관찰하려 하지만 환자나 보호자가 명확히 표현하지 않는 것까지는 알 수 없는 법입니다. 병원에 오게 된 이유와 함께 갈등 상황을 분명히 표현해주어야 합니다. 특히 증상이 언제부터 얼마나 심각하게 나타났는지 등의 정보는 정확할수록 좋습니다. 부끄럽게 여기는 부분을 숨기면 치료가 더뎌질 뿐입니다.

정확하게 도움받고자 하는 지점들을 의사와 선명하게 공유해보세요. '불면을 해결하고 싶다, 의욕이 생겼으면 좋겠다'처럼 구체적인 목표는 좋지만 '행복해지고 싶다' 같은 목표는 막연합니다. 치료 계획이나 진료에 대해 만족스럽지 않다고 느낄 때는 더욱 솔직하게 말해야 합니다. 속으로만 감추면 의사와 좋은 치료 관계를 맺기가 어려우니까요.

　문제가 분명치 않고 무엇을 원하는지 혼란스럽고 자기 자신도 뚜렷하게 문제를 밝히기 어렵다면 반복적인 상담이 필요할 수 있습니다. 이때 단기적인 해결책을 의사가 주지 못 할 수도 있다는 것을 이해해야 하는 거죠. 정신과 상담에 대해 지나친 믿음이나 환상을 갖는 것은 지양해야 합니다. 환자의 문제가 모두 파악되었다고 하더라도 의사가 100% 모든 것을 해결해 줄 수 없는 법이니까요. 환자 자신의 노력이 무엇보다 많이 필요합니다. 치료에 필요한 사항을 잘 따라야 할 뿐만 아니라 건강을 유지하기 위한 자기 관리도 반드시 필요한 것이 정신과 치료입니다.

항우울제를 먹기로 했다면

'환자에게 타원형 캡슐은 다윗의 별이나 로레인 십자가처럼 보다 나은 세계를 약속하는 신앙의 상징이다.'

저명한 의사이자 시인이었던 루이스 토마스Lewis Thomas의 말입니다. 환자가 항우울제를 복용하기로 한 데는 대개 논리적인 결정에서 비롯되지 않습니다. 환자로서는 의사가 속해 있는 화창한 세계를 볼 수 없으므로 항우울제를 전적으로 확신하지 못하지요. 약을 먹을지 말지 결정하는 데는 환자의 자기 결정권이 중요합니다. 약물이 모든 문제를 해결해주지 않는다 해도 우울증 치료에 항우울제가 중요한 역할을 하는 것은 사실입니다.

영국과 미국의 성인 인구 8~10%가 항우울제를 복용한다는 통계가 있습니다. 현재 시중에는 약 25종 이상의 항우울제가 시판되며 각각의 항우울제는 각기 다른 작용을 하므로 주치의는 환자에게 잘 맞는 약제를 찾기 위해 애씁니다. 같은 약물을 처방하더라도 똑같은 반응을 나타내지는 않기 때문입니다. 목표가 되는 증상, 우울증의 임상 양상, 약물의 특징, 해당 약제의 특이한 부작용, 환자가 과거 사용했던 약물과 효과 등을 충분히 고려해서 약물을 선택하는 거죠.

가장 대표적인 항우울제가 바로 선택적 세로토닌 재흡수 억제제SSRI, Selective serotonin reuptake inhibitor로, 현재까지 가장 많이 처방되는 항우울제입니다. 이름처럼 이 계통의 항우울제는 세로토닌 외에 다른 신경전달물질 수용체에는 영향을 주지 않습니다. 아주 선택적으로 세로토닌이 뉴런에서 재흡수되는 것을 억제함으로써 세로토닌의 활성도를 높이는 거지요. 프로작(성분명 플로옥시틴Fluoxetine), 서트랄린Sertraline, 패록세틴Paroxetine, 시탈로프람Citalopram, 에스시탈로프람Escitalopram, 플루복사민Fluvoxamine 등의 약제가 SSRI에 속합니다.

같은 계열의 약제이나 효과와 부작용은 다 다릅니다. 플로옥세틴은 SSRI 제재의 원조에 해당하는 약제로서 같은 계열의 다른 약제에 비해서 식욕 저하와 항거식 작용이 있고, 서트랄린은 세로토닌뿐 아니라 도파민 활성도도 증가시키기 때문에 인지 및 주의력 향상에 도움이 됩니다. 파록세틴은 진정 효과가 크고 에스시탈로프람은 같은 계열의 약제 중에서 세로토닌에 대한 특이성이 가장 커서 부작용과 다른 약물과의 상호작용이 적다는 이점이 있습니다.

항우울제로 치료를 했는데도 기분이 더 나아지지 않는다면 무엇이 잘못된 걸까요? 치료제가 제 역할을 해내지 못하는 데는 몇 가지 이유가 있습니다. 우선 약물이 효과가 없는 것처럼 느껴지지만 사실은 시간이 충분히 지나지 않았기 때문일 경우가 있습니다. 항우울제가 실제로 효과가 있는지 없는지 여부를 판단하기 위해서는 2주에서 6주를 기다려야 합니다. 쉽지는 않겠지만 약물이 작용할 때까지 기다리는 것이 필요합니다.

약물 용량이 너무 낮아서 효과가 발휘되지 않을 수도 있습니다. 적정한 수준의 농도가 뇌에 도달해야 하는데 적절한 항우울제의 용량은 환자마다 다르거든요. 대개 2주 정도 사용하다가 효과가 기대에 못 미치면 용량을 서서히 올려나가곤 합니다.

특정한 항우울제가 효과가 없다면 다른 계열로 교체해야 할 수도 있습니다. 아니면 원래 복용하던 것에 다른 항우울제를 추가하기도 하고요. 여러 연구 결과들을 종합하면 항우울제를 사용했을 때 치료 반응을 보일 확률은 대체로 50~70% 정도입니다. 여기서 '반응'이라는 용어의 뜻은 처음에 있던 우울 증상이 50% 이상 개선되는 것을 뜻합니다. 항우울제의 치료 효과는 분명하지만 모든 환자에게 나타나는 것은 아니라는 점을 이야기하고 싶습니다. 무엇보다 증상이 완전히 증상이 없어지는 비율은 30% 정도에 불과합니다.

처방전대로 약물을 복용하지 않아서 효과가 나타나지 않는 경우도 있습니다. 항우울제를 처음 처방받은 환자의 30%는 치료 시작 1개월 이내에 임의로 복용하기를 멈추고 절반에 가까운 환자들이 치료 시작 후 3개월 이내에 약물 복용을 중단합니다. 이런 현상을 두고 '순응도가 낮다'고 하는데요, 약물을 복용해서 기분이 나아지기 시작해도 그 후로 계속 복용해야만 좋은 상태를 유지할 수 있습니다.

다른 질환으로 복용하는 약물이 항우울제의 효과를 방해하기도 합니다. 따라서 의사나 약사에게 새롭게 추가된 약이 기존의 복용 약물과 어떻게 상호작용하는지를 물어보고 그에 대한 대처법을 상의해야 합니다.

약물치료를 할 때 환자들이 유념해야 할 것들이 몇 가지 있습니다. 알람을 사용하거나 약상자를 잘 보이는 곳에 두어서 투약하는 것을 잊지 않는 것은 기본이고요. 항상 같은 상황에 복용하는 습관을 들이는 것, 치료 일지를 만들어 보는 것도 필요합니다. 어떤 약을 어느 용량을 복용하고 있는지 그리고 그에 따라 기분은 어떻게 변하고 있는지 잘 적어서 주치의에게 보여주면 치료에 많은 도움이 됩니다.

항우울제는 뇌에 영향을 주는 약물인 만큼 신체 여러 부분에도 영향을 미칠 수밖에 없습니다. 입 마름, 변비, 졸음, 흐릿한 시각, 체중 증가, 체중 감소, 현기증, 성 기능 문제 등 여러 부작용들을 일으킬 수 있지요. 다행히 며칠 혹은 몇 주가 지나면 대개의 부작용은 사라집니다.

아무래도 약물 치료와 관련하여 "얼마나 오랫동안 치료해야 하나요?"라는 질문을 자주 듣게 됩니다. 항우울제를 얼마나 오래 먹어야 하는지 걱정스러운 마음에 나오는 질문인데 의사들은 대체로 충분히 길게 먹으라고 말합니다. 이유는 단순합니다. 약을 빨리 끊으면 재발하기 때문이죠. 다만 약을 얼마나 오래 먹을지는 환자의 개인의 특성, 재발했던 횟수, 증상의 심각도 등을 충분히 고려해서 결정하니 항우울제 복용에 대해서는 의사의 말을 잘 따르는 것이 최선입니다.

그럼에도 불안해하는 사람들이 많으니 일반적인 원칙을 간략히 소개하면 이렇습니다. 과거에 재발을 자주 했을수록 복용 기간을 길게 유지합니다. 우울증을 심하게 앓았을수록(자살 시도를 했거나 우울증으로 일상생활이 망가질 정도로) 유지 치료 기간이 길어집니다. 6개월이 될 수도, 1년이 될 수도, 2년 혹은 5년, 때로는 평생 먹어야 할 수도 있습니다. 이 기간을 좀 더 명확하게 알고 싶다면 주치의와 충분히 상의하는 것이 최선입니다.

누군가는 우울증이 나은 것 같은데도 약을 꾸준히 먹어야 하냐고 물을 수도 있습니다. 그래야만 하는 이유는 증상이 좋아지는 것과 뇌가 회복되는 시기가 다르다는 데 있습니다. 우울증 증상이 좋아져서 나은 것 같더라도 뇌는 충분히 회복되지 않았을 수 있기에 치료를 지속해야 하는 것이죠. 그리고 과거에 재발을 자주 했다면 그를 감안해서 치료를 더 유지해야 하고요.

이처럼 우울증 치료를 유지해야 하는 이유는 두 가지입니다. 첫째, 제대로 충분히 치료하지 않으면 잔여 증상이 남고 만성화되기 때문입니다. 만성적인 우울증이 되면 치료가 잘되지 않고 잔여 증상이 남으면 재발할 위험도 높습니다. 완전히 증상이 없어진 환자는 재발할 확률이 25%이지만 우울 증상이 남아 있는 환자는 76%가 악화되거나 재발합니다.

두 번째, 우울증은 재발하면 할수록 다음번에 재발할 확률이 점점 높아집니다. 우울증이 한 번 생기면 재발할 가능성이

50%이거든요. 두 번 우울증을 겪고 나면 그다음에는 재발 가능성이 75%로 뛰고 세 번 이상 재발한 사람은 무려 90%가 다시 우울증을 겪게 됩니다.

다만 임신 계획이 있다면 주치의와 미리 상의하기 바랍니다. 임신을 하였다면 주치의에게 바로 알려야 하고요. 주치의와 함께 건강에 대해 자세하게 상의해야 하고 약물의 필요성과 아기에게 미칠 위험성을 서로 비교한 후 약물 사용에 대해 결정해야 합니다. 임신 시 태아에 미치는 약물의 위험성을 카테고리 A부터 D까지 나누는데 A가 가장 안전한 약물을 뜻합니다. 항우울제는 대부분 B와 C에 해당되는데 안타깝게도 A는 하나도 없습니다. 대부분 산모에게 약물 사용에 있어서 임신 첫 3개월이 가장 위험하지만 몇몇 다른 약물들에서는 임신 후반기까지 해로울 수가 있고 또한 약물은 모유에서도 나올 수가 있으니 꼭 주치의와 긴밀히 상의해야 합니다.

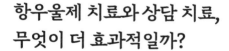

항우울제 치료와 상담 치료, 무엇이 더 효과적일까?

누구나 궁금해하는 질문이지만 누구도 확답하기 어려운 물음이기도 합니다. 우울증에 대한 연구는 많지만, 약물과 상담의 효과 비교에 대해서는 뚜렷한 대답이 없습니다. 항우울제 간의 효과를 비교하는 연구도 어려운데 상담과 약물 치료의 효과를 비교한다는 건 더 어려운 일이죠.

사실 상담이 우울증에 진짜 효과적인지, 효과가 있다면 얼마나 효과적인지 하는 문제에 대해서도 명확하게 답하기 어렵습니다. 항우울제 사이에서 어떤 항우울제가 더 효과가 좋은가 하는 것도 끊임없이 반복되는 질문이고 무수한 연구들이 시행된 바 있습니다. 지금도 전 세계 곳곳에서 연구가 진행되고 있고요. 그러니 이 전체를 뭉뚱그려서 우울증 환자에게 약물치료와 상담을 포함한 정신요법 중 무엇이 더 효과적인가 하는 문제를 밝혀내는 건 더더욱 어려운 도전입니다.

네덜란드 브리제대학의 핌 쿠이퍼스Pim Cuijpers 박사와 연구진은 2021년 일차 진료 기관에서 정신요법과 항우울제 그리고 이 둘을 모두 시행한 환자의 우울증 치료 효과를 비교해보고자 지금까지 보고된 58개의 연구에서 9,301명의 피험자를 대상으로 네트워크 메타분석을 시행한 바 있습니다.

치료 효과를 확인하기 위해 약물치료를 단독으로 받은 환자, 정신요법을 단독으로 받은 환자, 위약을 투여받은 환자 그리고 아무 치료도 받지 않고 진료를 기다리는 대기자를 비교했습니다. 이 네 가지 피험자군에서 우울증의 심각도가 50% 감소하면 치료에 대한 반응이 있다고 정의하고 각각의 치료에서 반응률의 차이가 있는지를 비교했는데, 결과는 이랬습니다.

정신요법만 혹은 약물치료만 시행해도 우울증에는 모두 치료 효과가 있었습니다. 그런데 정신요법과 약물치료를 함께 시행한 경우는 이 중 한 가지만으로 치료한 경우에 비해 효과가 더 좋았습니다. 정신요법과 약물치료를 병행하는 것이 이 중 하나만 시행하는 것에 비해 35% 더 높은 반응률을 보인 것입니다.

이 연구에는 경도의 우울증부터 심한 증상을 보이는 환자까지 모두 분석 대상에 포함되었는데, 추정컨대 우울증이 심각할수록 약물치료가 더 효과적일 것이고 경도의 우울증일수록 정신요법의 효과가 상대적으로 더 커질 것입니다. 다만 이번 네트워크 메타분석에 포함된 58개의 연구에서 어떤 정신요법이 시행되었는지는 구체적으로 분석되지는 않았습니다.

어떤 환자들은 상담, 정신분석, 인지행동치료, 행동활성화치료, 마음챙김, 이완요법과 같은 정신요법을 더 선호하지만 어떤 환자는 약물 치료를 원하기도 합니다. 분명한 것은 약을 쓰든 상담을 하든 이 둘 모두 효과적이라는 것이 이번 연구를 통해 확인되었다는 사실입니다. 정신요법을 시행했지만 효과적이지 않거나 반대로 약물치료만으로는 증상이 호전되지 않을 경우, 정신요법과 약물치료를 병행하면 더 나은 결과를 기대할 수 있다는 뜻이죠. 실제 임상 진료에서는 각각의 환자가 어떤 치료를 선호하는지 파악하고 그에 맞추는 것이 중요하지만 더 좋은 효과를 바란다면 정신요법과 약물치료를 함께 시행 받는 것이 더 나은 결과를 가져다줍니다.

미국의 심리학자 브루스 웜폴드Bruce Wampold도 심리치료의 효과가 특정한 기법에 의해 발생하는 것이 아니라 환자와 치료사 사이의 연대감, 심리치료와 치료사에 대해 환자가 가지는 기대와 믿음에서 비롯된다고 말한 바 있습니다. 간단하게 말해서 환자는 심리치료법을 믿거나 믿도록 유도돼야 치료 효과가 나타난다는 뜻입니다.

치료에 무조건적 믿음을 가진 환자는 치료에 성공할 가능성이 큽니다. 치료에 회의적이라면 치료에 대한 낮은 기대감이 그대로 자기충족적 예언이 될 가능성이 높다는 뜻이기도 합니다.

힘이 되는 가족의 도움: 기본 생활

 가족은 우울증 환자를 바꾸려고 하면 안 됩니다. '어떻게 하면 환자와 편안한 상태로 같이 잘 지낼 수 있는가' 하는 관점으로 접근해야 합니다. 조급하게 접근하면 오히려 탈이 나기 때문입니다 환자를 채근하는 것도 금물이며 간혹 무관심하게 있는 것도 필요합니다. 평소에 너무 과도하게 관심을 기울여서 환자가 부담을 느껴왔거나 잔소리가 심한 가족이었다면 거리를 조금 두는 것도 좋습니다. 심리적으로 거리를 두었다가 환자가 요구할 때 개입하면 됩니다.

 우울증 환자가 치료에 적극적으로 참여하려 하지 않는다면 약간의 격려와 응원으로 가족이 환자의 동기 부족을 메꾸어주세요. 환자가 '나는 혼자가 아니다'라는 걸 일깨워주는 것이 중요합니다. 자기 잘못으로 우울증에 걸린 것이 아니라는 걸 확신시켜주는 것도 필요합니다. 가족이 응원하고 꾸준히 함께 옆에 있을 거라고 알려줘야 하는데 이 또한 말처럼 쉬운 일은 아닙니다.

환자를 지나치게 몰아세우면 오히려 증상이 악화되거나 관계가 나빠집니다. 간혹 우울증 환자를 그냥 내버려두면 버릇이 없어지거나 나태해질 것 같다고 걱정하는 가족들도 있습니다. 압박을 가하면 치료 의지는 낮아지게 마련이죠. 환자의 심리적 부담감이 커지면 더 위축되고 스스로를 고립시켜버릴 수도 있습니다.

'우울증에 걸리면 무조건 쉬게 해야 하느냐, 가만히 내버려 두어야 하느냐'고 우울증 환자의 가족이 종종 묻곤 하는데요, 물론 지쳐 있으면 휴식이 필요하지만 마냥 쉰다고 우울증이 좋아지는 건 아닙니다. 환자가 하루종일 침대에 누워서 요양하듯 시간을 보내면 회복이 늦어집니다. 환자의 회복 속도에 맞춰 활동량을 점진적으로 늘여갈 수 있도록 가족이 보조를 맞춰 도와주는 게 중요합니다. 맛있는 식당에서 외식하기, 가벼운 산책처럼 부담을 느끼지 않을 활동부터 환자가 시작할 수 있도록 돕는 것처럼요. 물론 우울증이 심할 때는 이마저도 어렵지만 그렇더라도 아무런 활동 없이 실내에만 계속 머물면 우울증은 악화될 수밖에 없습니다.

가정주부가 우울증에 걸렸을 땐 접근법이 조금 다릅니다. 그들은 가사 노동과 육아로 자기 삶을 잃어버렸다고 느낍니다. 이럴 때는 육아나 가사 노동의 부담을 덜어주는 게 필요하죠. 배우자가 집안일을 대신 해주면 좋습니다. 이때 환자가 스스로 죄책감에 시달리지 않게 하는 것이 중요합니다. 아이와 집안일을 돌보지 않는 엄마가 된 것 같다며 자책할 수 있기 때문입니다. 가족은 우선 건강을 회복하는 게 더 우선이라고 안심시켜줘야 합니다.

또 하나 중요한 것이 우울증 환자의 식사입니다. 가족들이 꼭 같이 챙겨 먹는 집안 분위기를 만드는 것이 좋습니다. 환자가 자기 방에서 혼자 밥을 먹으려고 하거나 끼니를 거르면 "밥은 가족이 함께 모여서 먹었으면 좋겠다"고 분명하게 이야기해주세요. 식사할 때 대화하는 게 부담스럽다면 말없이 식사해도 되니 얼굴만이라도 마주 보며 밥 먹는 시간을 만드세요.

가족들이 우울증 환자와 어느 정도 심리적으로 거리를 유지하는 게 적당한 것인지에 대해서는 정답을 꼭 집어 말할 수 없지만, 심리적으로도 물리적으로도 환자에게 지나치게 밀착하는 건 좋지 않습니다. 환자를 돕겠다고 과도하게 '이렇게 하라, 저렇게 하라' 개입하는 것도 안 좋습니다. 때로는 적당히 무신경하게 지켜보는 게 도움이 될 때도 많습니다.

가족마다 관심을 기울이는 정도가 다르고 환자마다 요구하는 관심의 강도도 다릅니다. 따라서 완전한 무관심이 필요한 경우도 있고 친밀하게 끊임없이 대화가 필요할 때도 있습니다. 이걸 매 순간마다 정확히 결정하기란 무척 어렵습니다. 약물의 용량을 늘이듯 조금씩 조정해가면서 적절한 수준을 찾아가는 수 밖에 없습니다. 의사와 상의하면서 조율해도 좋고요. 의사 역시 정답을 알려줄 수 없지만, 주치의와 상의하면서 적절한 개입의 수준과 관심의 정도를 조정해 나간다, 라고 생각하면 되겠습니다.

가족이 명심해야 할 원칙은 이겁니다. '효과적인 것은 반복하고 효과적이지 않은 것은 멈춘다.' 가족이 도와준다고 했는데 환자는 오히려 불편해하고 우울증에 부정적인 영향만 끼쳤다면 그런 개입은 중지하세요. 우울증 환자의 치료에 효과적인 개입을 경험했다면 그걸 반복하면 됩니다.

환자가 평소에 기분 좋아하거나 의욕을 냈던 일들을 떠올려보고 그것을 다시 할 수 있도록 가족이 도와주면 되는 식입니다. 평소에 환자와 외식하면서 가족 대화가 원활했다면 그걸 다시 시도하세요. 환자가 좋아했던 음식을 만들어줘도 좋습니다. 환자가 산책하기를 좋아한다면 가족이 같이 강변을 걸으면 되고, 환자에게 산책하기 좋은 장소를 알려주는 것만으로도 도움이 됩니다. 환자가 좋아하는 것이 무엇인지 가족이 알고 있고 그것에 관심을 기울이고 있다는 신호를 보내는 것이기 때문입니다.

끝으로 환자가 병원에 가지 않으려고 할 때 설득하는 것도 가족에게는 무척 어려운 일이죠. 아무리 말해도 완강하게 "나에게는 아무 문제가 없다. 상담이 무슨 도움이 되냐"라는 식으로 거부하면 가족이 치료에 대해 말을 꺼내기조차 어렵습니다. 그럴 때는 가족부터 병원에 와서 우울증 환자에 대해 의사와 상의하면 좋습니다. 환자의 상태에 대해 가족이 의사와 먼저 상담하면서 어떤 점을 주의하고 어떻게 도와주어야 하는지 하나씩 알아가는 것입니다. 그리고 가족이 환자 대신 병원에 다니고 있다는 사실을 환자에게 알리는 것도 좋습니다. "어떻게 하면 너를 도울 수 있을지 알아보려고 내가 먼저 병원에 갔다 왔다"라고 하는 식으로요. 우울증 환자가 싫어할 수도 있지만 그때는 "그렇게라도 해야 너를 도울 수 있을 것 같았다"고 솔직히 말하면 됩니다. 그러고 나서 "너도 병원에 같이 가면 좋겠다"라고 자연스럽게 권유해보는 겁니다.

힘이 되는 가족의 도움 : 대화 방법

우울증 환자와 어떻게 대화해야 하는가, 가족에게 참으로 어려운 주제입니다. 가족이 우울증 환자 대하는 게 어렵다고 말을 아예 하지 않거나 무슨 말을 해야 할지 모르겠다며 거리를 두는 건 옳지 않습니다. 평소와 완전히 다른 형식으로 말하는 것도 환자를 불편하게 하고요. 우울증 환자에게 낯간지러운 말투로 이야기를 하고 감정적으로 과도하게 공감을 표시하면 환자가 오히려 거북하게 느낄 수도 있습니다.

"걱정하지 마, 다 잘 될 거다"라는 투의 막연한 응원은 도움이 안 된다는 걸 기억하세요. 진부한 말만 반복하면 환자는 자기 말에 신경 쓰지 않는다고 느낄 수 있습니다. 우울증 환자는 사소한 말에도 쉽게 상처받습니다. 자신이 이해받지 못한다는 생각을 갖고 있기 때문인데요, 그래서 더욱 섬세한 언어 표현이 필요합니다.

환자가 감정적으로 불편해할 만한 이야기는 우선 피하세요. 다른 사람과 비교하는 것은 금물입니다. 너무 사소한 질문을 하거나 디테일한 것들을 일일이 언급하면 환자가 부담을 느낍니다. 옳고 그름을 따지거나 환자의 말에서 오류를 찾아내는 것도 도움이 되지 않고요. 특히 환자가 자신의 우울증에 대해 남 탓이나 비난을 쏟아냈을 때 바로잡아주려고 하면 안 됩니다. '지금 너무 힘들어서, 견디기 어려워서 그러는 거구나.' 하고 헤아려주면 됩니다.

가벼운 대화가 제일 좋습니다. 우울증 환자가 부담을 느끼지 않을 만한 주제를 대화 소재로 다루는 겁니다. 구체적인 정보나 도움이 될 만한 이야기보다 재미와 기쁨을 느낄 수 있는 이야기가 낫습니다. 반려견, 텔레비전 프로그램, 날씨, 스포츠, 대중문화, 유행하는 패션 등에 대해 가볍게 이야기를 이어가면 됩니다. 물론 이야기 소재도 개인의 선호와 취향에 따라 다 다르므로 어떤 주제가 더 좋다고 결정할 수는 없지요. 환자가 평소에 관심과 흥미를 느끼고 있었던 것이 무엇인지를 알고 그것과 연관된 대화라면 도움이 될 가능성이 큽니다.

환자가 하는 작은 말이라도 반응과 관심을 보여주세요. 그 반응이 호의적이고 환자로 하여금 계속 듣고 싶다는 느낌이 전해지면 됩니다. "네가 무슨 이야기를 하던 나는 주의해서 다 들을 준비가 되어 있다"라는 진지한 태도를 환자에게 보여주는 게 중요합니다.

말의 내용도 중요하지만 말투와 말의 속도, 높낮이를 조절하는 것도 가족이 신경 써야 할 중요한 부분입니다. 자신의 말투가 감정적이라면 우울증 환자를 위축시킬 수도 있으므로 주의해야 합니다. 아무리 좋은 내용으로 위로하더라도 말이 너무 빠르거나 톤이 높고 날카롭다면 공격적으로 느껴져서 환자가 거부감을 느낄 수 있으니 유의해주세요.

바디랭귀지도 중요합니다. 눈맞춤은 기본이고 고개를 끄덕이며 귀 기울여 듣고 있다는 메시지를 보내는 겁니다. 환자가 한 이야기를 요약해서 반복해주는 게 가장 중요한데, 이런 걸 두고 파라프레이징Paraphrasing이라고 합니다. 이렇게 하면 환자의 이야기를 충실히 들었다는 신호도 전달되고 잘 이해하고 있다는 암시도 줄 수 있으니 일석이조입니다.

어렵겠지만 되도록 환자의 말 이면에 숨겨진 감정과 욕구, 생각과 의도를 파악하려고 애써야 합니다. 우울증이 생기면 자신감이 없어지기 때문에 하고 싶은 말을 다 하지 못하거나 자기 마음을 속이기 때문입니다. 거절당하거나 상대가 어떻게 느낄지 신경이 쓰여서 환자는 속마음과는 다른 이야기를 할 때가 있습니다.

　이럴 때 가족은 환자의 진심이 무엇인지 상상력과 공감을 통해 유추해보는 수밖에 없는데, 환자가 평소에 어떤 가치관을 가지고 무엇을 소중하게 여기는 사람이었는지를 떠올려보면 덜 어렵습니다. 환자가 진정으로 바라는 것이 무엇인지를 끊임없이 생각해보는 겁니다. 어려운 일이기는 하지만 부단히 애쓰는 수밖에 없습니다.

　"그러다 환자의 의중을 잘못 읽고 엉뚱한 말을 하게 되면 어떻게 하나요?"라고 걱정하는 가족도 있는데 너무 부담 갖지 않아도 됩니다. 가족이 환자에게 쏟는 진지한 관심 그 자체가 중요하니까요. 환자의 마음을 헤아리려고 충분히 노력했다면 그 정성은 전달됩니다. 그러니 너무 걱정하지 않아도 됩니다.

　"네가 우울한 이유가 도대체 뭐냐? 원인이 뭐냐?"라고 환자를 다그치지 마세요. 우울증의 원인은 정확히 알 수도 없고 원인이 뚜렷하지 않은 경우도 많습니다. 여러 가지 이유가 함께 작용하기 때문인데요, 환자 자신도 우울해진 이유를 모를 때가 많고 이유가 있다고 해도 그것을 말로 표현하기 어려워합니다. 당장 어떻게 도와주면 환자가 편할지, 그것에 대해 물어

보고 환자가 원하는 걸 도와주는 편이 낫습니다.

솔직한 대화라는 것도 조심해야 하는 부분입니다. '속마음을 다 털어놔봐'라던가 '그동안 말 안 하고 참고 있었던 것을 꺼내봐라, 함께 이야기하면서 털고 가자'라고 하면 환자는 오히려 감정적으로 더 힘들어합니다. 솔직한 대화라는 건, 보통 사람들도 평소에 하기 힘든 법 아닌가요. 건강할 때도 다루기 힘든 주제의 이야기를 우울한 기분에서 꺼낸다는 건 더 어려운 일입니다.

한편 가족에게 힘든 대화 주제가 있습니다. 환자가 가족을 비난하고 자신이 이렇게 된 것이 아버지, 어머니 때문이라고 원망하는 경우입니다. 그걸 듣고 있는 가족은 참기 어려울 때가 많을 겁니다. 억울한 마음은 이해하지만 그렇다고 바로 반박하거나 방어적으로 나가면 대화가 끊겨버립니다. 환자의 생각이 틀렸다고 생각해도 일단은 가만히 듣고 있는 게 좋습니다. 그렇다고 굳이 억지로 "네 말이 다 맞다, 부모인 내가 다 잘못했다"며 무조건적으로 인정하는 것도 도움이 되지는 않으니 기억하기 바랍니다.

가끔 환자가 절망적인 이야기를 꺼내놓기도 하는데 그런 말에 과잉반응하지 마세요. 환자가 "나는 절대 낫지 않을 것 같다. 나는 쓸모없는 사람이다"라는 식을 말을 꺼내면 가족 입장에선 가만히 듣고 있기 힘들죠. 그렇다고 즉각적으로 반박하면 안 됩니다. 환자의 생각을 고쳐주고 싶더라도 그렇게 당장 하지 말고 가만히 귀 기울여 들어주면서 마음속으로 환자의 심정을 헤아려보려고 노력하는 게 좋습니다.

우울증 환자가 하는 말에 도저히 동의할 수 없을 때도 있을 겁니다. 예를 들어 "죽으면 다 끝나는 건데 치료받고 우울증이 좋아져봐야 무슨 소용이 있어!"라고 말하면 이걸 들은 가족은 반박하고 그 생각을 고쳐주고 싶은 게 당연합니다. 어떻게든 환자의 마음을 바꿔주고 싶겠지만 이런 식의 반박도 도움이 되지 않습니다.

설득도 마찬가지입니다. 설득하려고 이런저런 말을 하는 것은 상대의 이야기를 부정하는 게 되기 때문입니다. 반박하고 싶더라도 즉각적으로 그렇게 하지 말고 "너의 생각을 더 들어보고 싶구나. 그렇게 생각하는 이유를 이야기해주면 좋겠어"라고 물으면서 말의 이면에 담긴 환자의 진짜 마음을 알아보려고 노력하면 좋겠습니다.

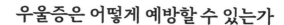

우울증은 어떻게 예방할 수 있는가

　　스트레스 받지 않는 사람은 없습니다. 마음의 상처
는 누구나 가슴 속에 한두 개쯤 품고 있기 마련이죠. 그럴 때면
백이면 백 우울의 늪에 빠져 허우적댈 수밖에 없지만 그렇다
고 해서 모두 우울장애라는 병에 걸리는 건 아닙니다. 돈 때문
에 걱정하고, 높은 성과를 내기 위해 온 힘을 다하고, 취업 때
문에 압박받고, 건강이 나빠져서 괴로워하고, 사랑하는 이를
먼 곳으로 떠나보내고, 교통사고처럼 예상치 못한 트라우마를
겪으면 우울해지는 게 당연합니다. 날씨가 우중충하거나 계절
이 바뀌어도 기분이 변합니다. 게다가 아무 이유 없이 기운이
빠질 때도 있고요.

직업이 의사다 보니 질환을 중심으로 사고하게 됩니다. 우울증을 바라보는 시각도 의료적인 관점이 우세할 수밖에 없는 거죠. 우울증도 진단과 치료 그리고 예방이라는 틀로 이야기할 때가 많습니다. 특히 우울증을 어떻게 하면 예방할 수 있느냐에 대한 질문은 제가 쉽게 답하기 어려운, 그야말로 큰 난제입니다. 특히 우울증을 한두 번 앓았던 사람은 재발을 두려워하기 때문에 예방에 좋다는 방법들을 속속 찾아나서게 되는데 그중 하나가 상담입니다. 그런데 상담 그 자체만으로 우울증을 예방할 수 있을까요? 애석하게도 그럴 수 없습니다.

아직까지 우울증을 확실하게 예방할 수 있는 방법은 없습니다. 여기서 '확실하게'라는 표현은 충분한 의학 연구를 통해 근거가 탄탄한 우울증 예방법을 의미합니다. 따라서 보수적으로 기준을 엄격하게 들이대면 아직까지 우울증 예방법은 없는 것이 맞습니다.

그렇다고 해서 좋다는 모든 방법이 소용없느냐 하면, 또 그렇지는 않습니다. 예를 들어 제가 목소리 높여 강조하는 중등도 이상의 운동을 일주일에 5회 이상 꾸준히 하는 것, 이것이 지금까지 나온 예방법 중에서는 가장 분명하고 확실한 효과를 냅니다.

진료하다 보면 여러 환자에게 똑같은 말을 듣게 되는데 그

중 하나가 "내 문제를 근본적으로 치료하고 싶어요"라는 겁니다. 우울증으로 수년째 약을 먹고 있거나 공황발작이 반복돼서 공포에 떠는 환자, 별것 아닌 일에도 걱정에 빠지곤 했던 내 담자 모두 각각 증상과 사연이 다 다른데도 하나같이 근본적인 치료를 원한다고 합니다.

유명한 정신과 의사와 심리학자의 강의를 듣고 "내 마음의 문제는 트라우마 때문이다. 어린 시절 부모님께 사랑받지 못했기 때문에 자존감과 회복탄력성이 낮은 것이다"라고 깨달았다는 환자가 있었는데, 그 환자는 자신의 우울증이 근본적으로 치료되려면 과거의 상처가 없어져야 할 것 같다고 하더군요. 부모와 자녀의 관계 즉 양육 환경이 정신 건강에 중요한 건 맞습니다. 하지만 이미 시간이 훌쩍 흘러버린 후에 부모에게 사과받고 과거의 트라우마에 대해 정서적 위로를 받는다고 우울증이 없어지진 않습니다. 1년, 2년 혹은 그 이상의 기간 동안 일주일에 한 번씩 정신분석을 받으면 심리 문제의 연원에 다가갈 수는 있겠지만 그렇게 한다고 해서 우울증으로부터 완전히 자유로워지지 않습니다.

핵심은 상담을 어떻게 하는가, 그것이 중요합니다. 정신분석적 치료는 우울증을 예방한다는 분명한 증거가 없습니다. 인간은 과거가 아니라 미래를 향해 나아가는 존재입니다. 살아가는 힘, 살고자 하는 의지는 과거가 아니라 미래로부터 흘러 내려오는 것이죠. 지금보다 더 나은 사람이 되고 싶다는 열망이 살아가는 힘의 원천이고요. 어린 시절의 상처, 부모와의 관계, 성장 환경을 되짚어가다 보면 나란 사람에 대한 이해가 깊어질 수는 있습니다. 그러나 과거를 곱씹는 것만으로는 활력을 끌어낼 수는 없는 법입니다.

정신분석은 우울에 시달리는 사람을 치료하기에 적합하지 않을 수도 있습니다. 과거에서 원인을 찾고 과거를 분석하는 것으로 우울증이 사라지는 게 아니기 때문입니다. 현재와 미래를 위해 성장하는 자신의 모습조차도 과거에서 비롯된 무언가가 그렇게 만들었다는 환원주의적인 시각이 강해지고 이것이 때로는 병리화할 수도 있습니다.

그에 비하면 인지행동치료는 그래도 우울증 재발 방지 효과가 있는 편입니다. 그러므로 상담이 우울증 예방에 초점을 둔다면 그 접근이 달라야 합니다. 전이와 역전이를 다루고, 꿈을 분석하고, 어린 시절 경험과 부모와의 관계를 다루는 것이 상담의 주된 초점이라면 우울증 예방과는 거리가 있다고 보는 게 맞습니다. 행동 활성화나 우울증을 일으키는 인지 왜곡을 다루는 상담이라면 우울증 예방과 가깝다고 보는 것이 맞고요.

한번은 제가 환자에게 물었습니다. "무엇이 근본적인 치료라고 생각하나요?" 그 환자는 이렇게 대답했습니다. "성격을 바꾸는 거죠." 불안증에 시달리는 이유가 성격 때문이니 성격이 바뀌어야 근본적인 치료가 가능하다고 믿었던 겁니다. 물론 성격 특성이 정신 질환의 발병과 치료 예후와 무관하지 않습니다. 신경증적 기질을 가진 사람은 우울증과 불안장애에 시달릴 가능성이 그렇지 않은 일반인에 비해 높은 게 사실이니까요. 그런데 애석하게도 신경증적 기질은 약 70%가 유전자에 의해 형성됩니다. 집중적인 상담을 오랫동안 받아도 성격이 변할 확률은 이미 타고난 유전자가 바뀔 가능성만큼 희박하다는 뜻입니다. 근본적인 치료를 성격을 뜯어고치는 것과 동일시해선 안 되는 이유입니다. 성격에는 좋고 나쁜 것이 없습니다. 단점만큼의 장점이 항상 공존하지요. 성격의 그림자에만 초점 맞추지 말고 밝은 면을 찾아 그것을 확장하고 적극적으로 활용하는 게 훨씬 중요합니다.

"정신과 약을 안 먹게 되어야 근본적으로 치료되었다고 할 수 있죠"라고 말하는 환자도 많은데, 가벼운 불안과 불면을 경험하고 있다면 약을 짧은 기간 먹어도 됩니다. 하지만 재발성 우울증을 앓고 있거나 충격적인 사건 후에 심한 공포가 지속된다면 증상이 완화된 이후에도 꾸준히 약제를 복용해야 합니다. 재발 방지를 위한 유지 치료가 필요한 것이죠. 조현병이나 양극성장애 같은 만성 질환은 수 년 때로는 평생에 걸친 약물 치료가 필요합니다. 치료약을 복용하지 않아도 되는 것을 근본적인 치료로 여기는 환자는 섣부르게 치료를 중단하거나 부적절한 치료법에 매달릴 위험이 있습니다.

약물 치료는 확실한 우울증 예방법입니다. 항우울제를 꾸준히 복용함으로써 우울증의 재발을 막을 수 있습니다. 그러나 확실히 구분해서 인지해야 할 것은, 발병은 하지 않았으나 앞으로 발생 가능한 우울증의 예방에는 항우울제를 사용할 수 없다는 사실입니다. 후자의 목표를 달성하기 위해서는 운동과 행동 중심적인 상담 치료 그리고 건강한 라이프스타일을 유지하는 것이 가장 좋습니다. 물론 이런 방법들 역시 우울증을 100% 막아주는 것은 아니지만, 적어도 그 가능성을 낮추거나 발생했을 때 심각도를 줄이는 데는 도움이 됩니다.

의사의 처방대로 성실히 치료를 받아도 가벼운 우울감과 의욕 저하가 계속 남았던 환자는 이런 상태에서 벗어날 수 있는 근본적인 치료를 받고 싶다고 했습니다. 만성화된 우울증은 잔여 증상을 남기지요. 그런가 하면 공황장애에 시달렸던 환자는 치료가 잘 돼서 발작적 공포는 없어졌지만 '또 공황이 찾아오면 어쩌지'라는 예기불안은 떨쳐내지 못했습니다. 애석하게도 이런 증상들까지 완벽하게 없애주는 치료는 아직 없습니다. 정신 증상을 근원적으로 몰아내려고 덤벼들기보다 우울과 불안이 찾아와도 그것을 견뎌내고 해소하는 대처법을 환자도 익히고 실천할 수 있어야 합니다.

행동의 변화 없이 기분은 바뀌지 않습니다. 힘들다고 잠만 자거나 기분 전환한다고 술을 마시는 등 하지 않아야 하는 행동을 멈추고, 제때 자고 제때 일어나고 꾸준히 산책하는 등 해야 할 행동을 제대로 실천해야 우울에서 벗어납니다. 생각으로 이런 노력을 대신할 수는 없습니다.

의욕도 저절로 생기기 힘듭니다. '기분을 좋게 만들 거야'라고 굳게 마음먹어도 달라지는 것이 없는 것처럼요. 활동 후에 찾아오는 기쁨과 만족감이 기분과 의욕을 살아나게 합니다. 우울증에서 벗어나기 위해서는 이처럼 행동 활성화가 필수라는 걸 아무리 강조해도 지나치지 않습니다.

스트레스가 심하고 취미를 즐길 만한 상황이 아니라며 기쁨을 자아냈던 활동을 그만두면 불쾌감은 더 쌓입니다. 성취감을 느끼게 해줬던 활동을 의욕이 없다고 중단하면 우울은 깊어집니다. 이런 일련의 과정을 일컬어 '행동 비활성화의 덫Behavioral inactivation trap'에 빠졌다고 합니다. 이것이 바로 우울증을 부르는 전형적인 행동 패턴인 거죠. 건강할 때 자신이 하루를 어떻게 보냈는지 떠올려보세요. 그때는 운동하고 친구를 만나고 공연도 보고 화초에 물도 제때 줬을 겁니다. 우울해진 뒤부터는 이런 활동들을 멈춰버렸을 테고요. 지금 우울하다면 우울하지 않았을 때 나를 행복하게 했던 활동을 다시 시작해야 합니다

아픈 줄도
모르고 살아가는

요즘 어른을 위한
마음공부

초판 발행 · 2024년 6월 26일
2쇄 발행 · 2024년 9월 11일

지은이 · 김병수
발행인 · 이종원
발행처 · (주)도서출판 길벗
브랜드 · 더퀘스트
출판사 등록일 · 1990년 12월 24일
주소 · 서울시 마포구 월드컵로 10길 56(서교동)
대표 전화 · 02)332-0931 | **팩스** · 02)323-0586
홈페이지 · www.gilbut.co.kr | **이메일** · gilbut@gilbut.co.kr

기획 및 책임편집 · 허윤정(rosebud@gilbut.co.kr) | **제작** · 이준호, 손일순, 이진혁
마케팅 · 정경원, 김진영, 김선영, 최명주, 이지현, 류효정 | **유통혁신** · 한준희
영업관리 · 김명자, 심선숙 | **독자지원** · 윤정아

디자인 · 어나더페이퍼 | **CTP 출력 및 인쇄** · 정민 | **제본** · 정민

ISBN 979-11-407-0958-8 (03180)
(길벗 도서번호 040154)

정가 18,800원

심리학적 원인부터 효과적인 관리법까지
쉽게 무너지지 않는 단단한 멘탈 만들기

- **스트레스의 실용적인 대처와 해소**
- **번아웃을 예방하는 일상 습관**
- **우울증에 대한 정확하고 바른 지식**

"'나는 꽤 좋은 사람이야. 나는 잘 살고 있어'라는
자기 확신이 있어야 스트레스를 견딜 열정을 갖고
삶에 매진할 수 있습니다."

"역기능적 완벽주의는 번아웃의 원인입니다.
마른 수건을 짜는 것처럼 에너지와 시간을 쓸데없이
소모합니다. 다른 사람에게도 완벽을 강요하게 되고
그러면 관계가 틀어집니다."

"마음이 아니라 몸이 아프다는 우울증 환자,
우울감 없는 우울증 환자가 많습니다.
'우울하다'가 아니라 '아무 감정도 느껴지지 않는다'는
사례가 더 많습니다. 총천연색 세상이 흑백 무성영화처럼
보이는 것으로 설명할 수 있겠습니다."

어른의 마음은 어떻게 치유되고 성장하는가
삶의 유연함을 되찾는 마음공부

"아픈 줄도 모르고 열심히 살아왔던
소중한 당신에게"

복잡하고 힘든 마음을 하나씩 풀어가는 김병수 원장의 마음건강 수업

* 스트레스, 번아웃 자가 척도와 우울증 선별 도구

* 즉각적인 효과가 있는 20가지 스트레스 해소 솔루션

* 무기력과 불안을 이길 정서 능력을 키우는 5가지 방법

* 스트레스성 폭식을 막기 위한 감정자유기법

* 번아웃 없는 계획을 위한 5가지 황금 법칙

* 나에게 맞는 목표 수립을 위한 '이상과 현실' 점검 툴

* 부정적 사고와 잘못된 신념 바로잡는 법

* 우울증 환자를 둔 가족을 위한 대화법

979 11 407 0958 8 03180
값 18,800원